杨渡作品

十七世纪荷兰人
怎么来到台湾

澎湖湾的荷兰船

杨渡 著

九 州 出 版 社
JIUZHOUPRESS

图书在版编目（CIP）数据

澎湖湾的荷兰船：十七世纪荷兰人怎么来到台湾／杨渡著. -- 北京：九州出版社，2023. 11

ISBN 978-7-5225-2422-1

Ⅰ. ①澎… Ⅱ. ①杨… Ⅲ. ①台湾-地方史 Ⅳ. ①K295. 8

中国国家版本馆 CIP 数据核字（2023）第 209911 号

版权合同登记号 图字：01-2024-0060

澎湖湾的荷兰船——十七世纪荷兰人怎么来到台湾

作　者	杨　渡　著
责任编辑	邓金艳
出版发行	九州出版社
地　址	北京市西城区阜外大街甲 35 号（100037）
发行电话	（010）68992190/3/5/6
网　址	www. jiuzhoupress. com
印　刷	北京盛通印刷股份有限公司
开　本	880 毫米 × 1230 毫米　32 开
印　张	9. 125　插页　32P
字　数	193 千字
版　次	2024 年 1 月第 1 版
印　次	2024 年 1 月第 1 次印刷
书　号	ISBN 978-7-5225-2422-1
定　价	66. 00 元

推荐语

这本《澎湖湾的荷兰船——十七世纪荷兰人怎么来到台湾》是杨渡先生继《在台湾看见历史》《有温度的台湾史》和《1624，颜思齐与大航海时代》之后的台湾史巨作，阐明澎湖自古就是攻台成功的关键地位。

杨渡先生的历史论述实事求是，能公正地说出当时的实情，揭露荷兰殖民者劫掠福建、广东沿海的残酷行径，如捕抓人民卖到巴达维亚当奴隶，甚至抓了太多就"干脆丢下海去喂鱼"。他一方面检讨明朝中央政府缺乏面向海洋时代的世界观，是明朝落后的原因；一方面，他也赞扬具远见卓识的官员，如胡宗宪、周起元、张燮等，知道地方上海商实际情况，了解世界局势，不断提出对策，想方设法解决问题。他们面对欧洲国家一点也不自卑，反而很好奇地跟利玛窦学习西方的天文、地理、几何学。

杨渡先生虽非专业史家，但他搜集和解析中外历史文献不输专业行家，尤其能摆脱台湾主流史学界追随"欧洲人所养成的优越感与亚洲人的自卑感"的治史立场，公正对待历史，更胜于时下为殖民史观所陷的台湾主流史家多多。

——徐泓

暨南国际大学荣誉教授

厦门大学历史系荣休教授

荷兰文很难懂，古代的文言文也很难懂。不过，就是把荷兰文和文言文都练得虎虎生风，十七世纪初荷兰人两度占据澎湖的前因后果与来龙去脉也还是很难懂。幸运的是杨渡写了眼下这本书。他以清楚的逻辑和流利的文笔，述说了这一段与台湾四百多年来的发展纠缠不休的故事，带进了海洋史与全球化的概念，扩大了你我的视野。

不过，历史究竟是历史，已经过去很久的事和现在的个人生活没有直接的关联，可以冷静地批判了解，很适合"用电影的慢动作"方式细细地看、慢慢地看，不时停下来仔细想一想。本书作者广泛搜集资料、巧妙铺排，读者披览之余，一方面在知识上默默增长，他方面也可以让思虑在时空中无限奔驰！

——陈国栋

"中研院"史语所研究员

杨渡的历史叙事总是带给读者一种时间与空间、宏观与微观交织的视野。这本书不仅说着澎湖列岛的海洋故事，也牵动着台湾、荷兰东印度公司及东亚、东南亚各地，既是地域史，也是东亚史及全球史。更重要的是，这本书提供了一个摆脱欧洲大航海论述的十七世纪东亚史观，也翻转中心与边陲的偏见，借由史实的考证，让东亚的主体性得以浮现，也重新看到台湾的价值。这是全球地域学的历史回顾，也是二十一世纪台湾再出发的契机。

——江柏炜

台湾师范大学东亚学系教授

兼国际与社会科学学院院长

十七世纪的历史对全世界许多国家来说，都是一个重要的转折点。数以万计的欧洲人第一次来到亚洲做起殖民的生意，这个生意有赚有赔，却也不是想象中那么容易，因为不少人还没来到亚洲就已经葬身海底。这时期，欧洲人以强势的武力，占领了世界大部分的区域，进行资源掠夺以及后来的商业贸易，为其国家或个人赚取不少利益。虽然那时候的亚洲国家武力普遍较弱，但入侵者对于气候和环境的不适应，以及引发的战争，也夺走许多外来者的生命，然而这些砍头的旅程还是屡见不鲜，乐此不疲。

对于这个时代的在地者，遇到素昧平生的陌生人，拥有那么强大的武器，他们可能心怀期待、紧张、怀疑、害怕等各种想法，但也只能被动应对。而人类的社会，原本也就是充斥着弱肉强食的思维，有利可图之事，绝对不会放弃，所以荷兰与明朝在澎湖第一次的相遇也不足为奇，但对于该地及周边来说，将面对一个极大的挑战。

《澎湖湾的荷兰船——十七世纪荷兰人怎么来到台湾》一书，为杨渡先生的另一巨作，本书以十七世纪的澎湖为背景，讲述了荷兰与澎湖的第一次相遇，触发了一连串的故事。本书承继杨先生以往历史小说之特色，运用相当多的史料，重现当时的历史场景，相当写实，让读者身临其境，仿佛是剧中的小角，饕餮着往日大事。

澎湖是东亚海域的航海指标，无论是该区域的南北向航行（台湾东部航线除外）或者是东西向航行，大部分的航线皆以澎湖为中继站，或是航海的导航地点，犹如非洲的好望角或是毛里求斯。正因如此，元朝之后，海外贸易兴盛，政府开始在澎湖设置据点观察海上变化。几百年后的荷兰人，也正好经过此区域而来到了澎湖，他们想以澎湖为据点，作为贸易站、军事防御地点。

这个时期的中国，可以称是亚洲最强大的国家，然而船舶和火炮威力还是比不上荷兰，但与东南亚其他国家相较则是天壤之别，至少让荷兰不敢轻举妄动。即便荷兰于1604年占领澎湖，最后明朝在地利和人和的优势下，击退了荷兰人。1622年荷兰人再度来到澎湖，这次更为强硬，不想轻言放弃，过程中的外交战，你来我往，尔虞我诈，相当精彩。

本书除了以史料为基础的写作特点之外，另一项特点，则是完整记录了人、事、物的素描，让读者在阅读之后增广见闻，更能掌握该时期的重要事迹，这样的写作方式更是费心，实属不易。再者，文笔流畅、浅显易懂的写作技巧，符合现代人的速读需求。作者以单元的方式铺成主题大纲，除了顺着时间轴的讲述之外，也兼顾各单元的论述，得以成为独立之一篇，方便读者随意抽取阅读，亦能快速掌握要义。

澎湖的历史开启了台湾的世界舞台，这一段历史相当精彩，作者认真地爬梳浩瀚史料，将这几十年的荷兰与明朝的交往历史，以更贴近当代人的写作技巧呈现历史记忆，值得好好地细细品味。

——李其霖

淡江大学历史学系副教授

兼海洋及水下科技研究中心副主任

　　沈有容谕退红毛番碑，现仍保存于澎湖天后宫。当年沈有容就是在妈祖庙前完成谈判，谕退了荷兰人。这是台澎两地最早的古碑。（作者摄）

澎湖最早的古井，靠近妈祖庙，出水量大，估计它就是当年各地船舶停靠澎湖时，用来补给淡水的最重要的井。（作者摄）

　　澎湖的妈祖庙17世纪之前即已建立。1604年荷兰人来时已略具规模，被荷兰人称为"小堂"，以示其近于教堂。（作者摄）

澎湖湾的入口两端，左边是风柜尾，即荷兰人建堡所在。和右边的妈祖庙那里成掎角之势，利于防守。（作者摄）

闽南的同安船，现存于台北故宫博物院的古图。可想见当年明船的模样。

葡萄牙人在澳门所建炮台至今犹存，留着战争的遗迹。（作者摄）

1622年荷兰人登陆的地点，他们在此建立堡垒，以扼守澎湖湾。（作者摄）

澎湖。拉贡德马孔（Rade de Makung），从妈祖庙眺望。

荷船两侧的炮孔，整个设计是为了远航与战争。（作者摄）

图为阿姆斯特丹海事博物馆现代复制之17世纪荷兰船，较1604年来澎湖的船小，长约50米。根据张燮《东西洋考》描述，当时荷兰船"树五桅"，而这一艘还只有三桅，显见比这一艘船更大。此船首有海神波塞冬大雕像，象征保佑出航顺利。船侧的炮则只有八门，两侧合计十六门。右下角有上船处，由此可见人与船的比例。可以想象比此船再大一倍的模样，大约就是沈有容面对的荷兰船。（作者摄）

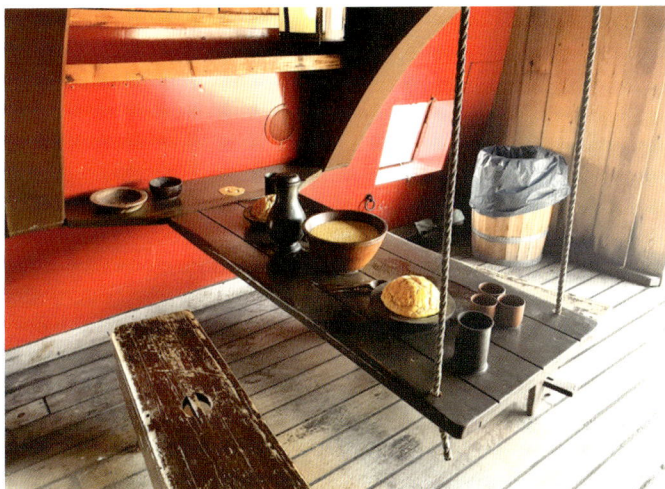

　　荷船上的内部展示，这应是船长的餐桌。当年沈有容与韦麻郎的对谈应是在此种桌前进行。（作者摄）

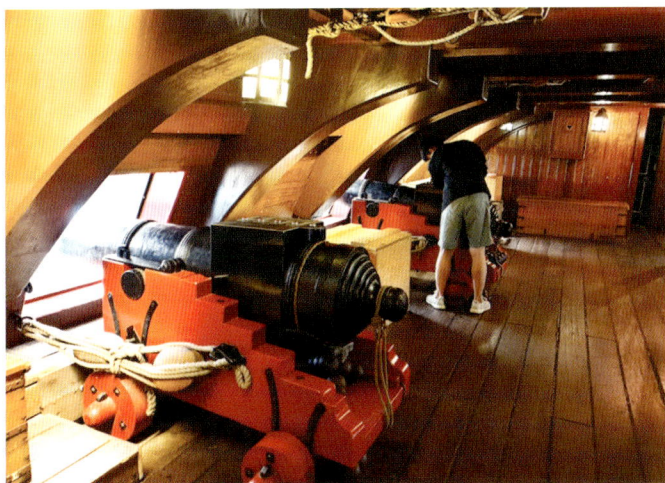

　　荷兰船上的大炮有多大，可以由此得见。（作者摄）

当年沈有容站在荷船上，大约是这样的感觉。难怪有"其大如城"的感叹。（作者摄）

一张挂在荷船上的示意图，显示四百年前的船上生活。（作者摄）

荷船上的内部设备。（作者摄）

荷船上的船员睡的是吊床。不怕摇晃。（作者摄）

大航海时代船上的器物。（作者摄）

荷人向中国订的瓷器，其中有特别写上的东印度公司VOC。典藏于荷兰海事博物馆。（作者摄）

唐馆绘卷，刻画舞龙情景，红旗上书"天上圣母"。（作者摄）

日本长崎文化会馆所展示的古老画卷。（作者摄）

荷兰人在日本，交际应酬，有女陪酒。有趣的是他们把榻榻米当地板。（作者摄）

宋代火船，其工艺已十分惊人，船可分前后两段，前段点火燃烧后，中间可分开，后段可成为另一艘小船迅速离开。可见水战中，火攻的传统悠久。（作者摄）

　　法国人在19世纪所拍的澎湖马公港（从妈祖庙圆顶上看到），约略可以想见明清时代的地貌。

阿姆斯特丹海事博物馆所存油画，刻画了海战之惨烈。大量焚烧爆炸的场面中，战士浮沉逃生。（作者摄）

目　录

结语：命运交会的岛屿

导言：东亚与全球化

1 重回视野的东亚世界

最近，随着东亚国际地位的重要性日增，有关东亚史与
15 至 17 世纪早期全球化历史的研究，无论在台湾、大陆，
或者韩国、日本，都开始一波新的研究热潮。这固然与东亚
经济圈的崛起有关，但它和 20 世纪 90 年代之亚洲研究又有
所不同。它更多是透过历史，回归东亚，指向未来。

20 世纪 90 年代的东亚研究偏重经济面，诸如：日本第
一、亚洲四小龙、四小虎、亚洲经济奇迹、雁行理论、儒家
经济圈等。它所环绕的中心，以带动亚洲经济起飞的日本
为主。

但 21 世纪开始的这波研究热潮，却更为深刻而广阔地
挖掘早期全球化时代，以东亚为主体的历史，以及与欧洲文
明的首度接触的碰撞历程。相较过去以欧美为主体的观点，
这一波的主体更突显东亚本身。每个国家以自身的历史为主
体，打开不同于欧美观点的论述。

特别是，研究的历史时间，不再从欧洲人东来开始，而

是始于更早，从十五世纪欧洲人尚未来到东亚之前，东亚各国的国际关系与海洋发展史，再延续到十六、十七世纪欧洲人来到远东，从而对亚洲国家的政治、经济、地缘政治等，造成深远的影响。过去并非没有此种主题的研究，前"中研院院士"曹永和即是佼佼者，但话语权一直掌握在欧洲殖民帝国的学术与媒体手上。东亚的这些研究与论点并未受到重视，是直到近期以来，逐渐成为显学。

全球化之前的东亚之所以非常重要，原因在于：这些早已存在的东亚国家之间的交往与海洋贸易，正是欧洲人东来时借以发展的物质与文化基础。换言之，欧洲人所抵达的东亚，不是像他们描述的那样——"哥伦布来了，美洲的历史才开始"［爱德华多·加莱亚诺（Eduardo Galeano）的反讽语］，仿佛欧洲人来了才带来商业与文明。事实是，东亚早有经济与物质的基础；甚至物质文明、工艺造诣、社会组织、国际商业活动的范围等，都远高于欧洲。这只要看看当时欧洲与亚洲的贸易逆差，就可以知道。

正如爱德华多·加莱亚诺写《拉丁美洲：被切开的血管》想证明的，美洲本有自己的历史与文明，是一个丰富饱满的生命体，只因为欧洲人来了，切开它们的血管，吸取了它的血，才使得拉丁美洲变得贫穷落后、命运悲惨、不得翻身。而欧洲的资本主义帝国也正是靠吸取拉丁美洲、非洲这些国家的血，从自然资源的黄金白银到农作物，从压榨人民的劳动到大量奴隶的贩卖，是这些人与大地之血，才滋养了这些帝国。

东亚也是一样的。东亚是在十九世纪工业革命之后,欧洲所带动的军事、工业生产,改变了航运技术,从而以新形态的船坚炮利,击垮了东亚国家,建立新的全球霸权,因此改写历史,将东亚描述成一开始就是经济落后、封建、封闭、不文明的待开化地区,进而将其侵略残暴的殖民行径,描述成带来现代商业的"文明开化过程"。

学者曹永和在《中国海洋史话》中,对这一段历史有非常清晰的提点。他认为:"明代欧洲国家东来的时候,由于东西双方的差距有限,所以对东方并未如后代所认为造成很大的影响与冲击。反之,在明代东西方交会时,欧洲人从东方受到不少的影响。根据当时在各地布教的天主教传教士的报告中,显示了他们对亚洲各地高度的文明、繁荣的社会及精巧的工艺,无不十分惊讶。所以对于这一时期的西方东渐,有许多人认为对中国造成很大的冲击,其实不然。这是十九世纪以后,欧洲人所养成的优越感及亚洲人的自卑感所肇始的。"

更明确说,是十九世纪之后,东亚始失去话语权与历史解释权。一切的学术研究、讨论主体、价值判断等,莫不以欧美的论述为标杆,弱势的东亚国家被描述成不文明的、人吃人的黑暗国度,等待欧洲文明的拯救。殖民者的压迫,于焉被美化为拯救,迫害变成救赎。

日本或许稍有不同,以"脱亚入欧"为精神指向,向欧洲认同起来。但在甲午战争之后，日本变身为亚洲的侵略者，先殖民韩国、台湾地区，再侵略神州大地，最后侵略亚洲各国，甚至发动对美国的战争。但日本标榜所谓的"大东亚共荣圈"。它所借以号召的精神内涵，自称是"王道"，亦即以亚洲的"主宰者、救赎者"自居，将其侵略行径美化为要将亚洲国家从欧洲帝国主义的压迫里解放出来，全面实施王道，进而领导全亚洲，对抗欧美。但在骨子里，它仍是承接帝国主义的思想，只不过那个殖民帝国换成日本而已。在价值判断上，并无翻转之功。

二战后，美国成为亚洲的新主宰者。冷战二体制对立下，美国所建构的围堵防线，从韩国、日本、琉球、台湾地区一路延伸到菲律宾、越南、新加坡、马来西亚、印度尼西亚等。欧洲国家在十六、十七世纪所建构的殖民地，全面由美国所掌控。

曹永和所谓"欧洲人所养成的优越感与亚洲人的自卑感"依旧由美国所继承。话语权依然掌握在欧美的学界。

这情况，要直到 20 世纪 80 年代日本经济崛起，及 90 年代的"亚洲四小龙"经济起飞，日本与"四小龙"成为美国研究对象，"四小虎"（印度尼西亚、菲律宾、泰国、马来西亚）继之而起，成为被欧美期待的新兴经济体。亚洲国家终于逐渐摆脱过去的落后形象，而为欧美学界所看重。一时间，亚洲经济奇迹成为 20 世纪 90 年代的显学。

然而，20 世纪 90 年代的东亚研究仍是欧美中心主义，只是将亚洲经济的崛起视为值得研究的对象，其主要关注的范畴在经济发展，以及与此相关的社会文化。例如儒家文化与基督新教伦理的对比、亚洲人的储蓄习惯、勤俭美德、儒家文化圈等。它是一个稍嫌模糊而笼统的大概念，并未深入到东亚各个不同国家的宗教、信仰、文化等内涵。

直到二十一世纪，中国崛起，经济起飞，巨大体量的生产力与消费力，让世界惊叹。尤其2008年金融海啸时，中国开始在世界经济重建上扮演重要角色。而亚洲其他经济体如印度尼西亚、菲律宾、泰国、越南、马来西亚、缅甸等，也同时活跃起来。特别是2013年之后，中国"一带一路"倡议所带来的效应，招引许多大陆商人到东南亚国家投资，自然也带来互相竞争的欧美投资热潮。这些过去被视为落后的东南亚国家，因此重新被看见。一些基础建设（特别是铁路交通建设）所到达的地方，带动起来的经济动力，也让十五世纪以降的东亚经贸交流、文化交往的历史，重新回到人们的视野，于是一种"找回东亚主体"的学术风气，慢慢浮现出来。韩国、日本、印度尼西亚、马来西亚等都有新的论述与研究，欧美研究者也逐渐改观。

事实上，早在欧洲国家东来之前，东亚各国之间，早有交流。虽然它们有着不同的语言、宗教、信仰、生活、习俗等，各地的政权也不免有权力交替的战争、基于信仰与经贸利益的侵略，乃至于国与国之间的并吞，各地状况都不一样。各自发展，而又时相交会。像日本的战国时代，正是明朝中期经济发展的时代，而伊斯兰国家正在扩张，印度的佛教则逐渐被婆罗门教所取代，马六甲海峡的贸易则因国际局势不稳，经济活动减少。这些地区的变动，乃至于宗教信仰的转移，都会带来东亚情势的改变。李伯重教授在《火枪与账簿：早期经济全球化时代的中国与东亚世界》里，对此有相当清楚而概要的分析。而华人在这些国家的活动历史，王庚武教授在《南洋华人简史》里，则有纲举目张的刻画。

总之，东亚国家之间的复杂程度，并不亚于欧洲，但彼此之间的经贸合作交流，其密集与交会之深，远大于欧洲。比较起来，欧洲国家之间的战争规模与频繁，则远多于东亚。一如"大分流"所持的论点，因为有战争，欧洲在战争的技术上不断提高，亚洲相对较和平，所以武器的进化较慢。

2　东亚的超级大国

东亚能够在大航海时代之前维持长时期的和平，有一个结构性原因：超级大国——中国的存在。欧洲国家之间并不存在所谓的"国际秩序"，也就是各国之间若有矛盾争端，彼此规模相去不远，而又缺乏一个"超级权力"（Superpower），作为平衡的力量，或者仲裁者，则争端只能靠战争来解决。说起来，天主教可能扮演仲裁者的角色，但宗教改革后，新的教派不一定服从。例如荷兰就信仰基督新教，荷兰的独立战争一旦打起来，就硬是打了八十年。

但如果有一个超级权力，会形成一个区域间的中心稳定力量，或者建立一个价值体系，或者依其政策，形成一个国际行事的准则，则比较容易建立"国际秩序"。各国之间的冲突，也比较容易找到仲裁者，得到新的平衡。这在今天看来只是一个非常简单的常识。但在十四、十五世纪时，根本不存在这样一种"国际秩序"的概念。然而，东亚确实存在一个"超级权力"，那就是中国。

　　中国的"朝贡体制"，从唐朝开始即存在。日本、韩国、越南等的朝贡与文化学习，形成一个共同的文化圈。不管要叫"儒家文化圈"（似乎说得通，但不够完整，因日本与唐宋的交流中，仍有相当多的佛教僧侣，来中国学习佛教文化）、"汉字文化圈"，或者"中华文化圈"，总之，中华文明的存在，使得这些国家之间，存在一个共同的文化与价值，这些价值又成为修身问学、政务行事、公共行为、社会秩序、国家交往等的"不成文规范"。这个不成文的价值规范，早已存在于东亚。历经唐、宋、元的东亚经贸活动、文化交流等，至少慢慢形成一个共同的价值。

　　即使丰臣秀吉在十六世纪末想"征服世界"，攻打朝鲜，并派专门特使送信到东亚国家如印度、马六甲、马尼拉等，其要求也无非是叫各国来向他朝贡，承认他才是一统天下的大王。所学习者，无非是明朝的朝贡制度。

　　以今日眼光来看，这也是一个容易理解的过程。因中国是一个贸易大国，贸易大国比较有权力成为规则的制订者，决定交易的规则、地点、方式等。而交易的语言使用，也很容易变成中文。相对的作为交易重要地区的中亚，伊斯兰的信仰与阿拉伯文，也是一个重要的语言。所以在今天的泉州，还保存着一个建于 1009 年的清真寺，不仅建筑的门窗遗物保存着阿拉伯风格，寺内的门顶和龛内仍刻有古体阿拉伯文写的《古兰经》，足以见证宋朝时，泉州作为世界第一大贸易港的地位，以及多元民族共同来此经商的盛况。有意思的是，泉州现存的墓碑雕像与石刻，往往在一尊雕像中，包含印度教、佛教、伊斯兰、儒家等文化元素，恰足以显示出东亚文化的融合与发展，早已存在于民间。

这些历史追溯，有非常重要的意义，说明了欧洲人在地理大发现时代的东亚发展，不是无根的，而是建立在东亚旧有商业文明的基础上。所以，1498年葡萄牙人瓦斯科·达·伽马绕过好望角，率船队驶达印度西海岸的科泽科德（Kozhikode），开启亚洲与欧洲连通的新门户时，对亚洲的影响，绝对不同于西班牙对加勒比海群岛、墨西哥、秘鲁那样灾难性的剧变。一如《剑桥中国明代史》所论断的："在蒸汽船时代之前，亚洲的海商在绝大多数商路上，在绝大多数商品上，仍然是欧洲人的强有力的竞争对手，在荷兰人17世纪70年代向爪哇推进之前，以及在1750年英国势力在印度崛起之前，欧洲的政治势力仍局限于一些小岛和海岸的圈占地之内。"

此论点，也可以用来观照荷兰人对台湾的"殖民"，其实不能说是全面殖民，而只是在"海岸的圈占地之内"。对广大的台湾内陆，根本谈不上殖民管理。真正向内陆开拓，其实是郑成功、清朝之后，由不断移民而来的汉人才开始。

从更长远的大历史来看，以明朝朝贡体制所建立起来东亚国际关系，在无形中形成一个文化规范，凡是对明朝朝贡的国家，遇有彼此间的争端，会来向明朝皇帝求助。无形中，明朝成为东亚和平的守护者。

　　例如葡萄牙攻打占领马六甲，马六甲国王派人来向明朝求助。而一直想跟明朝贸易的葡萄牙船队的代表皮雷斯（Tomé Pires），在广州等了好几个月，好不容易在1520年1月终于获准前往北京，5月途经南京的时候，正巧正德皇帝也来到南京。这是晋谒的大好机会。却不料，马六甲国王派来的使臣也在南京，向正德皇帝报告葡萄牙人如何攻打马六甲，滥杀当地居民，焚烧港口所有船只，枪炮无情，残杀无辜，狠狠地告了一状。结果正德皇帝见都不见，还要求葡萄牙人把马六甲的土地还给国王，否则贸易的事免谈。

　　真正的东亚争战，都是小型的。除了辽东边境与蒙古、大金长年的边境贸易冲突，交错进行，以及东亚海域的倭寇、海盗、海商的各种小骚扰，并无国与国之间的战争。

　　唯一的一场大战，就是1592年丰臣秀吉攻打朝鲜。而朝鲜一样求助明朝皇帝。此时已是万历，即使他长年不上朝，却仍下了决断，派数万大兵驰援，把丰臣秀吉的军队打退，僵持一年多以后，小西行长以一纸和约结束战事。明朝依旧是维持东亚秩序的超级权力。

　　东亚有一个超级大国的好处，便是有一个维持国际秩序的权力中心，而明朝的国际关系与政策文化，也会形成对东亚其他国家的影响力。东亚能维持长期的和平，与此大有关系。反而是葡萄牙人、西班牙人来了以后，因为占领马六甲、马尼拉等地，开始发生国与国的冲突。等到十七世纪荷兰人来了之后，由于荷兰人正在和西班牙打独立战争，此时

12

葡萄牙又与西班牙合并为一个联合王国，于是荷、西战争从欧洲一路打到东亚，甚至延烧为荷兰攻打马尼拉、澳门、澎湖、月港的借口。

真正的大型海战，是从荷兰开始的。从十七世纪至十九世纪之前，也就是英国工业革命，发展出蒸汽铁制大船，有了强大的船坚炮利之前，其实亚洲都还是维持一个"大中华文化圈"的和平状态。战争，其实是欧洲的帝国主义带来的。

不得不说，东亚国家之间，有长远的历史渊源和内部秩序，那是远在欧洲人东来之前就已长期存在的，但被欧洲国家给改变了。而且至今，欧美国家仍通过经济的、政治的、操控某一个国家内政等各种方式，在操控东亚，并全力阻止东亚国家建立起自主的秩序。

如果研究历史是为了展望未来，则这一段即是我们研究大航海时代，不能不知的核心。

3 现代世界体系的建立

十五至十七世纪，葡萄牙人、西班牙人分别从大西洋、印度洋、太平洋到东亚，展开贸易、传教、殖民地等活动，让东亚文明与欧洲文明，从海上展开更全面的接触，更深入的影响，世界版图因此改变，世界的权力结构因此改观，而东亚也从贸易港、香料来源地，到丝绸、瓷器供应地，进而成为欧洲各国东印度公司的首要经济支撑。因此，可以说东亚是欧洲全球资本主义萌芽期的基础。而1514至1662年间，也就是葡萄牙人进入中国，到1662年郑成功从荷兰人手中收复台湾，则被《剑桥中国明代史》专家视为是"中国的人民与政府都卷入了'现代世界体系'发展的第一阶段之中，并受其影响"。

曹永和在《中国海洋史话》中认为，这一阶段的交往，东亚并非弱者，反而因为东亚文明的特殊产品（如香料），以及更为高档的消费品，如丝绸、瓷器等，为当时欧洲的生产技术所不及，遂变成欧洲贵族的高级消费品，而大行其道。欧亚之间的经济贸易是亚洲出超，而欧洲则从美洲或其他地方取得的白银来购买需要的商品。

葡萄牙率先建立起从马六甲到澳门，再从澳门到日本长崎的三角贸易，再由马六甲连接到欧洲伊比利亚半岛的"世界经济体系"；西班牙则将墨西哥、秘鲁的白银，长途运送到马尼拉，再与福建月港运来丝绸、瓷器等交易，再从马尼拉转向墨西哥湾，回到欧洲，建立起一条黄金航线；荷兰随后也建立起欧洲、巴达维亚、漳州、长崎之间的四角贸易航线。英国也不例外。"世界经济体系"的第一阶段就这样慢慢建立起来了。

这些航线若无东亚的物质文明、高档商品为基础，绝不可能有如此巨大的利益，去维持这样的航线。而西班牙、葡萄牙之于中南美洲殖民地所产的白银，若无明朝以白银为货币的巨大需要量，仅靠奴隶贸易是难以维持的。

现在我们已经非常习惯全球化的国际贸易航线，但最初是怎么建立起来的？在东亚，每个国家有不同的国情，不同的语言、信仰、风俗、文化，又是如何开始看待这些远方来的欧洲克拉克大船？在东西方开始接触的时候，又曾产生何种碰撞与火花呢？更重要的是，这些碰撞，最后又产生什么样的结局？这些结局又如何影响后来的世界体系，从而形塑了今天的世界，变成今天的东亚与世界。这些课题已不只是东亚的，也是世界史的课题。

很幸运的是，许多新的研究成果，已为我们找出不同于以往欧洲帝国视野的分析，看见一个更为深邃而辽阔的东亚文明，包括中国。而这些东西方文明的交会，又指出今日世界局势演变的根源。

从东亚的角度看，这一段大历史的重建，有更为特别的意义。

第一，东亚要借此找回自己的历史。找回历史，不只是找回过去，主要是建立自己的话语权，找回东亚的主体性，其目的是走向未来。以往的话语权都是由欧美主导，因此东亚国家无非是落后而等待拯救的黑暗大地，如今人们重看自己的历史，反而某些古老文明、地方市集、特殊工艺等，重新被发现，而且证明这是人类文明非常珍贵的遗产。

第二，从东亚内部来看，各国有共相也有殊相。各国有必要找回自己的主体。东亚国家与城市在大航海时代有一些共性，面对着相类似的冲击，但也有各自际遇的特殊性。许多城市，如马六甲（明朝称为满剌加，2008 年被联合国教科文组织列入世界遗产名录）、雅加达（荷兰殖民时期称为巴达维亚）、马尼拉、漳州、长崎、平户等，也都有自己的特殊历史记忆，因此这些国家与城市，都有必要重建自己的历史文化。例如，在日本的长崎，就保留着特殊的交流历史，重建这个城市与东亚、与世界交流的记忆，包括与中国交流的港口、寺庙、中国人聚居的中华街、荷兰贸易口岸的出岛等。又如澳门则保留了葡萄牙的天主教堂和建筑遗迹。用自己城市的观点回顾历史，而不是用西方的视角看自己，这才是建立主体性的开始。

第三，东亚内部也有内部的矛盾与冲突，各自都需要自己的论述。这些错综复杂的历史，也有待厘清，如此有助于了解东亚国家之间交错影响，既冲突又合作的进程。例如1592年丰臣秀吉对朝鲜发动战争，意图占领朝鲜后进占北京，占领中国。这一场战争，日本人称为"朝鲜征伐""日明战争"，韩国人称为"壬辰倭乱""壬辰卫国战争"，明朝称为"朝鲜之役""万历朝鲜战争"。一场战役，三种立场，从名词就可以看出来，各国迥然不同的历史叙述。同时，从十六世纪丰臣秀吉朝鲜战争的思路，我们也可以发现二十世纪日本发动大东亚战争的两条路径，原来根源于此。

第四，从中国历史看，值得探究的课题是：明朝如何没落的？如果明朝时的中国曾是东亚的"超级权力"，它的商品，丝绸与瓷器曾是世界最大的名牌，也是当时最大的出超国，这样强大的经济力，又是如何衰落的？能不能从它与欧洲国家交往的历史中，找到它的一些发展轨迹，总结出一些经验教训，指引未来的方向。

最后，一如历史研究不是为了过去，而是为了指向未来，我们要问的是：这些十六、十七世纪欧洲人对东亚的思考方式，是否仍旧有效，依然根深蒂固地保留在今天东西对抗的关系之中？例如二十一世纪中美对抗时，那些十七世纪的幽灵会回来吗？我们可以从中得到一点启示吗？

4 台湾命运的关键年代

若从台湾视野来看，这一段历史是台湾命运的转折点。

若非大航海时代的开启，荷兰人两度进占澎湖，想打开中国贸易的大门，明朝政府不会想把荷兰人引到台湾大员，那台湾很可能不会引起世界的注目。然而，明朝的官员早已清楚，福建、日本海商会在台湾交易；中国海盗、日本倭寇会在这里躲避追缉，补给食物，十六世纪末，海盗林凤则从台湾出发去攻击马尼拉的西班牙人。所以除了明朝早已留意台湾防卫的重要性，日本、葡萄牙、西班牙、荷兰也都注意到这个战略要地。台湾跃上世界史，正是从这里开启。

而1604与1622年，荷兰人两度进占澎湖，就成为非常关键的时刻。

1604年，荷兰东印度公司派韦麻郎（Wybrand van War-wijck）为司令，率领舰队先攻打澳门未果，再进占澎湖三个多月，最后被沈有容劝退。1622年，又由雷尔生担任司令官，率领大队人马攻打澳门，大败而归，随后转向占领澎湖，并且出兵攻打中国沿海，威胁明朝必须开放贸易港，并且不许澳门、月港航行出海，与马尼拉、长崎贸易。中间历经海上劫掠、沿海抢劫、交涉谈判，甚至海上战争，最后在1624年，被明军所迫，退出澎湖，转到台湾大员（今台南）。

所以荷兰这两度进占澎湖的历史很重要，很关键，因为正是它决定了台湾的命运，从四百多年前，直到现在的命运。台湾命运的转折点，就在澎湖。既然如此，我们怎么能够不好好研究清楚荷兰这两度进占，以及和明朝的交涉，到底发生了什么事？对往后的历史有何影响？

不只台湾，这两个事件的冲突与交涉过程，牵涉到人们称之为"第一波全球化时代"（或"世界经济体系的始建时期"）的诸多问题，包括：欧洲国家如荷兰，其来到东亚的目的为何？政策思考何在？权力的本质为何？权力的范围有多广？它是代表着欧洲国家对东亚的权力关系？或者是欧洲国家冲突的延伸？荷兰又如何因应自己与明朝的接触与冲突？在明朝的政治环境下，荷兰（不管是被迫或自愿）最后做出什么选择？

基于此，本书就是想以荷兰这两次进占澎湖的大事件为蓝本，探讨东西方文明接触之时，所产生的诸种课题：明朝与荷兰东印度公司有什么立场上的差异？谈判的条件为何？考虑为何？双方对冲突的处理模式，有什么不同？如何寻求折冲的平衡点？是扩大冲突？还是寻求妥协？明朝坚持的原则是什么？底线何在？而荷兰的坚持是什么？底线何在？双边处理冲突的对策为何？明荷双方有何不同？

这些都反映出东西方两种文明的本质与思维方式的差异。而这些面向，都会反映在两次事件的交涉过程中。

当然，我们也必须探讨欧洲国家之间在东亚的矛盾与竞争。这包括了：葡萄牙、西班牙如何开始来到东亚，它们与明朝接触的经验与过程，荷兰与西班牙的独立战争，当年欧洲国家在东亚互相抢劫的海盗行径，以及欧洲的战争如何延伸到东亚。其中，自然包含着错综复杂的人脉与国际关系。

这一切，包含着跨国贸易、海上抢劫、海盗、海商、海战等，环绕着海洋而生的所有故事。即使不要刻意去强调，都足以构成为鲜活而又充满戏剧张力的场景。

在读中国大历史的时候，我们总是从陆地文明开始，从大陆政权的农业生产、农民革命、土地制度、朝代更迭、饥饿与革命，或者从北方的游牧民族与汉族的生存战争等等，去探讨中华政权的兴衰。但似乎较少从一个岛屿的、边陲的角度，去反省中央政权的政策是否正确，会不会造成政权的兴衰更迭。

从边陲的视野，从海洋文明的视野去重新审视中国，去透视明朝政权的思维方式，在现代中国仍是有意义的。毕竟，中国的政权一直是陆地文明的思维，而非海洋文明的思维。如果从海洋文明回望中国大历史，整个视野自会有所不同。

　　本书，即是一个新的尝试。从一个中国南方的小岛屿——澎湖出发，从边陲、岛屿、海洋文明的角度，来重新审视大航海时代，这个小岛屿与世界的强权：日本、朝鲜、葡萄牙、西班牙、荷兰等等交会的历史。

　　从这历史中，看见明朝与世界的交会，乃至大陆与海洋文明交会的刹那，它所显现的某一些现象。这些现象，小至只是一篇上呈的公文，一篇荷兰写给明朝官员的信，或者荷兰人的公文。然而从那些文字里，我们仍可以看见一个时代的知识分子的思维方式，也可以看到大明帝国对海洋文明的基本态度。这样的思维方式与基本态度，决定了往后几百年，中华文明面对西方文明的挑战与响应。

　　它仍有许多值得探讨的课题。

　　现在，让我们从澎湖开始，进入十六世纪的东亚世界！

上部：荷兰人怎么来到澎湖（1604年）

1 走向海洋的踏板

晚风轻拂澎湖湾　白浪逐沙滩

没有椰林缀斜阳　只是一片海蓝蓝

坐在门前的矮墙上　一遍遍怀想

也是黄昏的沙滩上　有着脚印两对半

——潘安邦《外婆的澎湖湾》

这一首歌是台湾知名民歌手潘安邦所唱的，红遍海峡两岸。潘安邦的父亲1949年跟着战败的国民党统治集团撤退，从大陆来到澎湖，住在临时搭建的海边小眷村，后来才去台北上班，潘安邦则和外婆住在澎湖湾长大，直到上大学才去了台北。

1987年海峡两岸重新开放探亲以后，潘安邦的这一首歌传唱两岸。许多大陆人不知道澎湖在什么地方，却知道《外婆的澎湖湾》。

潘安邦父亲的撤退路线，非常典型地代表了国民党统治集团撤退到台湾的路径。从大陆先到福建，从福建取道澎湖，暂作停留，再转入台湾。

事实上，早在十六到十九世纪，明清时期的四百年间，很多漳州、泉州的福建移民也是如此。他们先搭两天的船到澎湖，稍作休息，再花一天多的时间，进入台湾。中国的历史文件显示，七百年前的元朝开始，许多福建的海商已走这一条路线，去东亚经商。这是一条东亚国际贸易的古老航道。

澎湖，是欧亚大陆东南边缘一个非常小的岛屿。它是连结陆地与海洋的跳板，是福建出航外海的第一站，也是台湾与大陆的中间站。

农业文明的时代，陆地的城市，沙漠的绿洲，才是连结文明的通道。这些通道或许经过沙漠、走过高山，其中有城市，有市集，有商业交易，有东西方文明的交会，也有战争与死亡。

海洋文明的时代，岛屿才是串起文明的珍珠。岛屿是港口，是大船的补给站，是商业贸易港，也是国际势力的战场。

从农业文明看，岛屿是国界的边陲，不能生产粮食的贫瘠荒地，海盗和走私贩子出没的港口，难以管理的天涯海角。

从海洋文明看，岛屿是无边无际的大洋中的绿洲，是可以躲避暴风雨的港湾，也是补给淡水的救命的方舟。

澎湖就是这样的岛屿。

元朝时期，它就因为靠近泉州，成为中国海商进入东亚的一个重要港湾。十五世纪开始，日本与福建的海商、海盗常来这里会合交易。十六世纪，大航海时代开始，澎湖变成了大陆文明的最前沿。葡萄牙、西班牙、荷兰等欧洲列强，日本和东亚国家，各路大小船只来这里交易。澎湖变成文明交会的岛屿。

澎湖位在中国南方，像一块门口的踏脚石。

想进入中国这个大宅门的客人，总会站在这里张望，敲敲门，或者向里面招手。

有时候，因为主人不想接见，客人没办法，就只好在踏脚石上和门里的人偷偷做生意。人们叫它"走私"。

踏脚石上的客人来来往往，总是非常热闹。

有时候顺顺利利交易，快快乐乐赚钱。但有时候发生冲突，甚至发动战争。

此时，澎湖的战略位置就变得很特别，因为它是攻击大陆的踏板。

反过来看，它也是大陆文明走向海洋文明的踏板。

福建人，走过澎湖，踏入台湾，走向南洋，走向世界。

小小的澎湖像一扇窗。从窗口望出去，两种文明交会，壮阔、瑰丽、战争、残酷、繁华，都尽收眼底。

就像费尔南·布劳岱尔（Fernand Braudel）描述印度尼西亚时写的"印度尼西亚岛群位于东西世界海路之交与所有

影响之交，即使是远程世界的事件也会波及于此"。澎湖位于中国与世界海路之交与所有影响之交，远程世界的事件，最后都会波及澎湖。

观察大航海时代，如果要找一个岛屿，一个具有代表性的典型，来呈现世界史与东亚史的交会，澎湖无疑是最佳的例证。

然而它真正跃上世界舞台，成为瞩目的焦点，却是始于1604年，三艘荷兰克拉克大帆船来临的那个秋天。

2　克拉克大船 = 红毛船

故事从 1604 年 11 月 18 日（万历三十二年闰九月二十七日）开始说起。

这一天，澎湖湾波平如镜，海面上波光粼粼，十几艘帆影在波光中飘移。海风还不冷，卷起沙滩上的白色细沙，在阳光下辉映着一层微微的白光。

黄昏的时候，随着阳光西斜，海风渐渐增大。风吹海浪，浪花打岸，激起一层水雾。

澎湖湾的秋冬季节，总是吹着强烈的风。有时到达八级，甚至十级。依照强度算，相当于轻度台风了。人站在海岸边，会被强风吹得微微摇晃。澎湖的居民总习惯穿上一身长袖衫，头戴布巾，整个脸也用布包起来，免得秋风猛烈，秋阳强烈，刮伤了皮肤。

但这一天和平常不同。澎湖海湾里，停着三艘荷兰大帆船——欧洲人称之为克拉克船（Carrack），已经停留一百多天了，还未有离去的迹象。

那长达七八十米的巨大船体、60 米的高耸桅杆，宽大的风帆布，在蔚蓝的海面上，投下巨大的阴影。

荷兰船跟平时看到的中式风帆船完全不同，体量至少大上四五倍，如果不是用梯子根本无法上下船。

最特别的是，四根高高的大桅杆，挂着大帆布，当作风帆使用。中间那一根大桅杆两边，还挂着网子，人可以沿着网子爬上去，挂在网子上，当作瞭望台。打仗的时候，几十个人从上面居高临下，开枪或射箭，占尽优势。

最厉害的是船的两侧，开了十几扇窗户。窗户一打开，从里面推出长长的、又黑又粗的一根大铁管，管子中间是一个黑黝黝的大洞，澎湖居民知道，那是西洋大炮。把炮弹填进去，大炮一打出来，有几百斤重，可以炸掉一堵城墙。

如果读者有兴趣，想知道当初荷兰的三艘红毛船长什么模样，可参考今日阿姆斯特丹海事博物馆。那里有一艘依当年的船体设计图所复刻的、依实体比例重建的克拉克船。船长约 50 米，船高约 56 米，重 1100 吨，左右合计十六门大炮，船体有三层，中间设计有货舱、生活区等，相当宽大。船体也非常坚固。可以想见，当年中式风帆船对比之下，何其脆弱。

住澎湖海边的孩子没见过这么高大的船，带着畏惧又好奇的眼光，在岸边观望。可是大人会吓他们说，那些船上有高大强壮的红毛番，他们会抓小孩子。你们要是被抓了，就会被带去番邦当奴隶。

小孩子很害怕，只敢远远地跟在背后，偷偷观察。荷兰人不仅头发像火球，一团卷毛像着火，连胡子也是红的，身材高大，手臂粗壮，比起福建人，简直像巨人。

红毛番的后面还会跟着皮肤黑得发亮的黑人，那是他们的奴隶，长得特别高大，手长脚长，像一棵黑色的大树，走起路来摇摇晃晃。渔民传说，他们有一项特别的本事：可以像鱼一样，潜入水中很久很久，老半天都不必起来换气，跳到水里一游，游得老远才浮出水面。

大人小孩都很讶异，那是什么样的黑色水怪呢？

荷兰船抵达澎湖的日子是 8 月 7 日，算起来已经停留了一百零三大。

季节风已经从夏天湿热的南风，转为风势强劲的东北风。海岸边的居民都习惯了这样的季节转换，因为风向会决定船从什么地方来。吹南风的季节，船从东南亚的马六甲、菲律宾、大泥等地北上，去江浙、福建，或者琉球、日本。吹北风的季节，船则从北方的日本、浙江南下，去往东南亚。他们有时会在澎湖停泊，补给或者交易。他们大多停留一个星期左右，风向顺了，便又扬帆大海。

只有这三艘荷兰大船，像占领澎湖一般，就是不走。

事实上，澎湖居民早已熟悉外国船。一百多年来，经过的葡萄牙船、西班牙船、日本船、海盗船，总是来来去去。

他们来补给淡水、购买食物鱼货，很快就走了，只有这一次，红毛船却停留这么久。

更奇怪的是，这里明明是中国的领土，明朝水师每年春冬两季都会来防汛驻察，怎么今年没有动静？朝廷，是不想管澎湖了吗？怎么放着澎湖让荷兰人占领，军队却毫无反应？

荷兰人来了之后，澎湖湾有了一些不同。在红毛船的旁边，有十几艘福建商船系着缆绳，随着海浪起伏。他们是来做买卖的。一些和荷兰曾在东亚打过交道的福建船商知道消息，纷纷跑回漳州、泉州去收购货品。消息一传出：红毛番来澎湖了，有三艘大船，生意上门啦！

这时的福建人把荷兰人通称为红毛夷或红毛番。番或夷是福建人对东南亚南洋一带外邦人士的通称。

从唐朝开始，广东、福建、江浙一带的船商就已经和东南亚各国通商，甚至远至中亚、非洲。元朝是蒙古人所建立，他们更喜欢色目人（以形容他们的眼珠子是有蓝、绿、黄等各种颜色的），也就是中亚一带的波斯人、阿拉伯人，他们的社会地位甚至比汉人还高。那时并无国家的概念，也没有本国外国观念，所以就把外邦人士都统称为夷人、番人。到了十六世纪，新来的葡萄牙人并不被称为番，而称为佛郎机人。有趣的是，汉人实在无法分辨葡萄牙人或西班牙人有什么差别，就通称为佛郎机人。像张燮在《东西洋考》就把马尼拉的西班牙人称为"佛郎机人"。只是荷兰人长相太特别了，"深目长鼻，毛发皆赤"，头发、胡子都是红色，特征明显跟葡萄牙人不同，就被称为红毛番。

在明朝的记载中，凡是中国大陆以外习称之为番。故有明朝作家陈第写的《东番记》，指的就是台湾。乃至于东南亚国家如马六甲等，也称之为番。福建的金门人去东南亚经商讨生活，也称之为"落番"。那是一种习惯性的称呼。[1]

虽然明朝有海禁，但福建人甘冒风险，到东亚各国去做生意早已名闻遐迩。因此马尼拉的西班牙人都称福建人叫生意人（sangleys）。很有生意头脑的福建船商一听到风声，就集聚到澎湖来了。

红毛番手上有白银，做生意很干脆，他们看准了那些在欧洲有市场的商品，特别是丝绸、瓷器、陶瓷做的小玩偶，都非常讨喜。只要他们需要，红毛番买起来一点也不啰唆。

而荷兰人带来卖的胡椒、香料、檀香木、苏木等，在江

---

[1]元代汪大渊的《岛夷志略》录有"彭湖"一项，对于澎湖的民情与生活方式，有较为详细的描述："岛分三十有六，巨细相间，坡陇相望，乃有七澳居其间，各得其名。自泉州顺风二昼可至。有草无木，土瘠不宜禾稻。泉人结茅为屋居之。气候常暖，风俗朴野，人多眉寿。男女穿长布衫，系以土布。煮海为盐，酿秫为酒，采鱼、虾、螺、蛤以佐食。爇牛粪以爨，鱼膏为油。地产胡麻、绿豆。山羊之孳生，数万为群，家以烙毛刻角为记，昼夜不收，各遂其生育。工商兴贩，以乐其利。地隶泉州晋江县。至元年间立巡检司，以周岁额办盐课中统钱钞一十锭二十五两，别无科差。"这些文字，刻画出澎湖居民的生活风情。所以荷兰人来的时候，澎湖大体如此。本文即是依此为蓝本而形象化地加以描写。

南很受欢迎，不怕没人要。

交易的地点就在娘妈宫前，那一排用海边的岩石和茅草盖起来的房子前面，海边的广场上。

本就常与东南亚有贸易往来的漳泉船商都知道，红毛大船上的船员有七八百人，需要很多酒水、食物、干货，甚至丝绸、瓷器、各色商品，他们脑筋动得快，很快备办货品，船一开就带过来澎湖。更何况红毛大船是做大生意的，一艘大船得装下多少货品，才能运回欧洲去卖。他们要的都是大宗物资，可以先来打听打听。

来来去去的大小商船，几十个小商小贩，于是从漳州、泉州来澎湖湾，吆喝穿梭，把本来就有不少居民的娘妈宫（也就是妈祖庙，但当时民间大多称呼娘妈宫）周边，点缀得格外热闹。

这一次，荷兰船队的司令官叫韦麻郎。他早已派遣居住在大泥（在今日泰国、马来西亚一带）的福建商人潘秀、李锦等人，先航至福州，为他向官员递上正式的公文书，表明要来中国做生意，请明朝正式开放贸易。来到澎湖之后，他还特别找了在巴达维亚经商的福建人林玉担任翻译，叫他搭小船回泉州，对外宣称荷兰人要来买大船用的桅杆和货物。大船要用的大桅杆有几十米长，这种大材本来就很不容易买到，但买不买得到不是重点，重点是宣传。商人为了赚钱，到处探询桅杆，荷兰人到来的消息就传开了。

　　至于当时在澎湖湾出现的韦麻郎是什么样的形象，澎湖居民看见的荷兰人是什么样子，或许我们可以参考阿姆斯特丹海事博物馆内的油画。

　　博物馆展示了许多十七世纪的油画、航海图、殖民地城市图、枪支大炮模型等等，刻画出大航海时代荷兰东印度公司在亚洲与美洲的殖民贸易历史，他们称之为"黄金时代"。那是荷兰最富裕而日不落的帝国时代。

　　油画中有不少描写荷兰与西班牙、葡萄牙、英国海战的精彩画面。画面中，不仅呈现当时的殖民地的民情风貌，更有海战之际，大船着火，瞬间爆炸，整条船被大火包围，火光冲天，天空中爆满船体的碎片，以及想逃生的船员，抓住倾斜的桅杆，跳向大海，而逃生小艇在火海中浮沉。

　　当然，也有不少舰队的船长、司令官等的肖像。他们有一些典型的特征：高大魁梧的身材，红色的头发，浓密的红胡子修得非常整齐，上髭伏贴在唇上，显然上了油蜡，干净油亮，下巴的胡子如一束漂亮的三角锥，腰佩一支黑色护套长剑。这就是那个年代典型的装扮。可以想见，率领荷兰东印度公司远征东亚的舰队司令韦麻郎，正是以这一种形象，出现在澎湖湾。

　　1604 年 11 月 18 日这一天下午，在澎湖娘妈宫前悠闲的交易日常中，突然克拉克大船上传来紧急召集令，要所有战士、船员立即回船上集合。高高的帆网上，站着好几个人，其中一人一手抓着网子，一手拿着长长的望远镜，向西边观望。本来在岸边买东西的荷兰人也发现船上有情况，赶紧抓起东西就往回跑，迅速赶到小艇上，回到大船集结。

大船中间的一艘，面向大海的船首，上面雕刻着一尊几米高的希腊神话中的海神波塞东雕像。雕像的后面，船头高处，韦麻郎拿着一根长长的望远镜，望向远方。具体地说，就是泉州方向的海面。

海边的渔民感到奇怪，向海面看去，但什么也没见到。只有下午的阳光，穿过渐渐转凉的秋风，照在明亮的海上。

等到红毛船的船员都回到船上，又过了一阵子，渔民们才从岸上看到，远远的海面出现点点船影。

船影慢慢变大，他们看清楚是中国式的风帆船。等到距离更近一点，他们看清了，那是一队船队，至少有四五十艘。那不是渔民，是挂着浯屿水师军旗的明朝船队。

船要比一般的渔船和商船大，船上飘扬的旗子，和几百根桅杆、风帆，像一大片密密的森林，飘满了海面。在阳光下构成非常壮观的场面。

按规定，浯屿水师每年有两次防汛。春汛在3月到5月，派来的水师会长驻在这里，以防御南方的海盗趁着南风来进犯。每年秋天9月到11月则为冬汛，目的是防御北方的日本倭寇乘北风南下。然而，今年9月至今，水师都没有来。显然知道红毛船来了，他们即使来了也无法对付。但这时候来临的这一队水师，无论船或军队的数量，比往日的水师大约只有八百名的士兵，显然多了三倍以上，这架势，毫无疑问，是要来对付红毛船的。

看着眼前停在码头上的三艘红毛船，人们都知道，这是要打仗的架势。

然而，任何形势很清楚，红毛大船和明朝的戎克船，实在太不成比例了。

那些红毛大船有明朝水师船的四五倍大，船身的厚度有一两米，上面涂着沥青，船缘包了一层铁壳，只要直直地往前冲过去，对准戎克船直撞，大对小，强压弱，硬对薄，戎克船一定被撞得粉碎，直接压入海底。所有船员，全部葬身鱼腹。

更可怕的是，每一艘红毛大船的两侧，都开了上下两排的炮孔，十几门大炮。红毛大船这大炮的威力，这一次澎湖人还没见识到，但早些年佛郎机人的大炮有多厉害，大家都听闻过。

现在，回到船上的红毛番已经开始行动，把船侧炮孔上的木板窗户打开，把大炮向外推出去，做出随时可以发射的准备。那大炮有几十斤重，任何一艘船只要中炮，难免粉碎沉没。

而红毛大船的大炮加起来至少六七十门，众炮齐发，海水震荡，明朝水师船很难抵挡。

率领明朝水师的将军是沈有容。福建人都知道，他是出了名的会打仗、敢打仗，连海盗都怕他。去年（1603），他逆着寒冷的东北季风，带队去台湾攻打逃到魍港的海盗，这作风跟明朝水师太不一样了。他甚至把从海盗虏获的物品：丝绸、金银等，全部分给部下，让他们发了一笔小财，他自己则分文不取。所以他的部队以敢战愿战闻名。

然而，再敢打能打，面对悬殊的船只战力差异，这战争一旦打起来，海面的炮火浮尸，实在不敢想象。渔民会有一段时间很难打鱼，因为太容易打捞到尸体。

渔民们回头看了看不远处的妈祖庙，里头供奉着所有中国船民的女神——妈祖林默娘。"船头妈"的神像小小的，庙也小小的，却代表着船民的希望与祝福。

渔民默默向妈祖祈祷：慈悲的妈祖啊，请您保佑，千万不要打起来，让我们平平安安过日子吧！

3　韦麻郎看见明朝水师

在面临明朝水师的那个下午，韦麻郎站在克拉克大船上，挺立在高高的船首，带了几个副手，手拿望远镜，穿过几条风帆的大绳索，远远看见几十艘戎克船，像一群小鱼一般，在大浪中载浮载沉，缓缓向马公港航行。

从望远镜中望去，明朝的水师船上，高高挂起的旗帜，船上开船的人，以及分列在船两边站立的军队，显然都训练有素，纪律井然。

从目测来估计，这一队明朝水师有四五十艘船。如林的风帆，在风中飘扬。以一条船有至少五六十人的船员和士兵来看，这些船加起来约有三千人。用这么大的船队，带了三千个士兵，冲着澎湖开过来。[1] 很显然，来人没有善意。

---

[1]见李光缙《却西番记》一文，出自《闽海赠言》。原文如下："人长身红发，深目蓝睛，高鼻赤足。居常带剑，剑善者值百余金。走舟上若飞，登岸不能疾行。"不能行可能有一个原因，他们穿皮靴，不宜于海滩沙岸行走。

否则不会摆出这种架势。

他毫不犹豫，立即下令把出去闲逛的士兵全部叫回来，命令所有战士船员，进入备战状态。

饶有海战经验的韦麻郎已经在心中估量双方的实力。

而荷兰的三艘大船，平均约有五十几米长，二十几米宽，船两边设置着两层大炮的发射孔[1]。三艘大船连在一起，像三座大山，巍巍然占据了港口的中心。大船里加起来有八百多名船员、战士，他们都是训练有素，战斗力强大以枪杀为业的职业佣兵，早已惯于海上搏斗。

韦麻郎的算计里，每一艘船的两侧，都配有二十几门大炮。大炮齐发，这些中式帆船根本不是对手。更何况荷兰船的高度、长度、厚度，高大的风帆在海上行进的速度，乃至配备的火炮，远远超过明朝这些戎克船，就算打不过，船硬要启航开走，那些小船挡也挡不住，追也追不上。

韦麻郎命令战士把大炮的窗口拉开，大炮推出来，向着明朝水师的方向。

他心中明白，此次前来，目的就是和明朝建立正式贸易

---

[1]陈学伊在《谕西夷记》中说："余又闻之红夷旧为佛郎机别部，一名和兰，后以强盛自雄。其人长身赤发，深目蓝睛。居常带剑，剑善者值百余金。惟利吾中国湖丝，从水道与大泥通。舟长二十余丈、高数丈许，板厚二尺有咫，内施锡片。舟旁各列大铳三十余，铳中铁弹四五具，重三四十斤，舟遇之立粉。水工有黑鬼者，最善没，没可行数里。诸凡器械巧诈非诸夷可比，即称强如佛郎机者，且敛手避，殆未易以中国长技敌也。"出自《闽海赠言》。

关系，取得贸易垄断权。

韦麻郎率领东印度公司的船队到中国来，进驻澎湖，起始于巴达维亚的几个福建商人向他建议，仿效葡萄牙人之于澳门，澳门是以广州乃至广东作为腹地。若到澎湖建立贸易港，可把漳州、泉州乃至福建当成贸易腹地，生意自然可以比澳门好。然而，荷兰未说出的理由是，一年多前荷兰海军上将在柔佛外海抢劫了一艘葡萄牙大商船让人瞠目结舌。那一次被称为"世纪大劫案"的海上抢劫，获利太惊人了。这激起东印度公司对中国贸易的强烈野心。

而最早航行过好望角、印度洋来到东亚的葡萄牙人，比韦麻郎早了八十七年，他们已经历多次转折，打了多次战争，才好不容易通过收买明朝官员，租借到澳门当贸易港，非常珍惜那个地方所建立的特许的利益联结，更不容许荷兰人去抢占。

因此，即将到来的风暴，不只是这五十艘明朝水师船对荷兰三艘克拉克大船，而是涉及更复杂的葡萄牙人在澳门做贸易，建立欧洲、马六甲、中国、日本的四角贸易航线，乃至于日本、东南亚几十个国家的各国船商，他们在东亚的长期经营。

荷兰，是突然冲入水池里的一条鳝鱼，把池中的生态平衡打乱了。

然而，大航海时代一旦来临，欧洲人相继东来，旧生态不断被打破改变，已是不可逆转的趋势。

是这一切大局势的改变，才会有澎湖这一刻——红毛船与明朝水师的对决。

因此，要了解在 1604 年 11 月 18 日这一天，此刻来到澎湖小岛会面的这些人、这些事，有多么特别的意义，唯有从澎湖的历史，明朝以前的中国海商，东亚的贸易，日本战国时代的倭寇，丰臣秀吉征服世界的野心和朝鲜战争，以及大航海时代开始时，葡萄牙人、西班牙人东来，如何改变了东亚的经济、国际秩序，而欧洲国家之间的竞争，荷兰的独立战争，又如何影响它们对东亚的政策。

这一切交织成无比复杂，却又精彩万分的戏剧。有海盗与海商的勾心斗角，有日本与朝鲜的战争，有明朝的大将，更有欧洲崛起大国的内部斗争及延伸的海外殖民地之战等等。

每一个人、每一件事、每一场战争、每一次交易的背后，都有着曲折丰富、精彩无比的故事，在此时此刻，交会于澎湖。

故事，必须先从澎湖说起。

4 澎湖，八方交会的岛屿

澎湖在古代即隶属于中国南方的福建泉州晋江县，位在福建和台湾之间的台湾海峡，由众多小岛屿所构成。最大的马公岛，也只有 67.14 平方公里。加上一些岛屿和岛礁，有人住的，无人住的，总共有九十个，总面积也只有 141 平方公里。岛屿之中，极东为查母屿；极西为花屿；极南为七美屿；极北为大蹺屿；北回归线 23°27 穿过群岛之中的虎井屿之南。散落海洋之中的这些岛屿，甚至很多没有人居住，只有渔民依季节前往捕鱼。

澎湖湾在最大一个岛——马公岛之中，像母亲的怀抱。蛇头山和娘妈宫前的海岸像两只手臂，从左右两端环护着港湾。港湾的胸怀很大，可以停泊上千只风帆船。

像澎湖这样的小岛，除了是可以停泊的港湾，最重要的是有可以补给的淡水。船在海上航行，没有食物，还可以试着钓鱼来充饥，但如果没有淡水，就很难活命了。所以长程航行，不仅要带够淡水，还要在航行途中寻找可以补给淡水的港口。船一旦靠了岸，最先找的是淡水。一个小岛，如果没有淡水的补给，便没有靠岸的价值。

澎湖也一样。在澎湖湾娘妈宫的广场旁边，就有一口水井。也不知道是什么朝代、什么人来开凿的，只知道源头活水，四季不绝。虽然在雨水少的季节会带有一点咸味，但毕竟是可以食用的淡水，所以就成为大小船只补水的所在。

十四世纪初，元朝的旅行家汪大渊就曾留下澎湖早期的记录。

汪大渊写过一本《岛夷志略》，记载他旅行过的东亚、中东、非洲等数十个国家，上百个城市和岛屿。那是中国人最早的外国旅行记之一，用简短而精确的文字，记录下各地的风土民情、宗教文化、地质特产、城市风貌等。靠着早期风帆船的航行技术，要在两三年内旅行那么多地方，确实是非常不容易。他的第一次旅行，始于元朝天历三年（1330），从泉州出发，出航的第一站就是澎湖。所以《岛夷志略》开篇，写的就是他看见的澎湖：

> 澎湖分为三十六个岛，大大小小相间，山坡土垒相望，其中有七个港湾，各有它的名字。从泉州航行，顺风的话，两天就可以到。这里只长草，不长树，土地非常贫瘠，不适合种稻米。泉州人结茅草当房子住。气候常年温暖，风俗质朴野性，人们多长寿。男女都穿长布

衫，系着土布。煮海水当盐，用高粱酿酒，采集鱼、虾、螺、蛤当佐菜，用晒干的牛粪煮东西，用鱼膏当油。当地产胡麻、绿豆。山羊孳生很多，有几万只，每一家就用烙毛或刻角当记号来分辨，放牧在外，昼夜都不收回来，让它各自生育。老百姓也做一点生意，乐得赚一些钱。这个地方隶属泉州晋江县。至元年间开始设巡检司。[1]

汪大渊旅行的首站是澎湖，那不是偶然的。当时泉州船商要下南洋，常常经过澎湖。所以澎湖的水下考古曾发现宋元的瓷器。当时，中亚、南亚的商人有许多人来泉州贸易，1004年，泉州就有几间清真寺，伊斯兰教、印度教、佛教、景教等各种宗教并存，被称为世界第一大港，由此可以想见商贸的频繁。澎湖作为下南洋的中间站，商贩来此停驻补给，或者遇上风浪来停泊避风，是自然不过的事。

所以，澎湖从来不是海外孤岛，而是航行的中继站。为了保护来往船商的安全，避免澎湖成为海盗的基地，元朝开始在这里设巡检司，按时巡防。

有意思的是，元朝商人汪大渊下南洋的第二站是台湾，

---

[1]此处要特别说明，明朝学者所记载，1604年荷兰来的大船有两种说法：一种是三艘大船，一种是两艘大船和两艘中船。二者很难分辨孰为准确。但依后来荷兰人去附近海域试探有无港口可用，为了怕荷兰船太大，吃水深，台湾海域附近有沙洲太浅，而使用中国的戎克船，以此推断荷兰可能无中船，而是三艘大船。

他称之为"琉球"。他的文字显示了澎湖望见的地方，应该是今天的嘉义。

> 其峙山极高峻，自彭湖望之甚近。余登此山，则观海潮之消长。夜半，则望旸谷之出，红光烛天，山顶为之俱明。

即使是二十一世纪的今天，天气晴朗无云的日子，在澎湖海边仍可遥遥望见阿里山。而让汪大渊印象深刻的日出，大约正是阿里山的日出。那种从云雾弥漫的山谷间，缓缓升起红太阳，一刹那，光照满天，整个山顶都为之明亮起来，正是文学作家笔下最常见的风景。

至于现在的琉球，从澎湖根本是看不到的。

既然是泉州出航的首站，而泉州又是元朝海外贸易最兴盛的地方，是世界最繁荣的贸易港，澎湖自然跟着兴盛起来。

可惜到了明朝，太祖朱元璋是一个农民革命起家的皇帝，只知农业与农民是国家的根本，不懂得海外贸易对一个国家经济可以起到的作用，再加上元朝的蒙古统治者重视色目人（社会阶级地位高于汉人），而来自中亚的色目人（指波斯人、阿拉伯人等）又与泉州等地商业往来密切，朱元璋怕蒙古人结合色目人从海上卷土重来，便干脆实行海禁。

澎湖靠近泉州，一旦海禁，巡检不易，又怕澎湖变成反抗势力聚集的地方，朱元璋便下令将所有居民强迫迁居回内地，不许有人居住。

然而，沿海居民本来就靠海为生，海禁让老百姓更难生存，为生计所迫，依然有人偷偷下海捕鱼，也有人偷偷到澎湖居住。特别是每年12月，冬至前后十天，是乌鱼的季节。大量乌鱼群跟着黑潮走，行经澎湖与台湾之间的海域，此时正是乌鱼最肥美的时机，乌鱼卵是高级美食，价格非常好，渔民怎么可能不来捕鱼呢？

明朝既然没有巡检设置，就没有人来巡查，居住在这里捕鱼生活，既可以避开官员的重税欺压，又可以自由在海上交易。澎湖的居民又悄悄回来了。

明朝中期以后，海禁再也关不住了，海上私商开始盛行，他们赴东南亚做贸易，澎湖依旧是方便的中继站。至于海盗，澎湖也一样是地理位置非常恰当的补给站、集结点。明朝记录显示，倭寇会先相约在这里聚集，再分配路线，各自到福建广东沿海去抢劫。

不管是什么时代，海盗还是海商，都需要补给，澎湖就聚集起更多的人，在这里卖起了海上所需的米粮鱼肉干货。有人聚集就形成市集，有市集就有了信仰的庙宇。

澎湖湾这一座妈祖庙，当时人们总称为娘妈宫，是什么时候开始的，已经没有人知道。只知道福建船民有一个习惯：在船头置一尊小小的木刻妈祖神像，以保佑海上航行平安，称之为"船头妈"。每每在穿过万顷波涛，安全到达一个地方时，就会把妈祖请下来，在岸上供起来拜拜。久而久之，便在那里建一间小庙，把"船头妈"供奉起来。

有淡水，有妈祖庙，聚集的人更多了。

对澎湖的居民来说，这里是老百姓求生存，避开官方苛政的好地方。而对海盗来说，这里地形复杂，四通八达，进退方便，是官方难以追剿的海岛。澎湖居民见多识广，早已看透了来来去去的各路人马。更何况在这倭寇、海商、海盗不分的时代，到澎湖居住的人，主要是漳州、泉州人，无论是渔民、小商贩、贫民，都要有几分胆气才行。

也正因四面八方都会来人，明朝官方也非常头痛。

万历年间（1573—1620）的一本书《图书编》就写出了对澎湖非常重视，却又不知如何防守，如何维护的矛盾心态。

> 夫彭湖（按：即澎湖）远在海外，去泉州二千余里，其山迂回有三十六屿，罗列如排衙，然内澳可容千艘，又周遭平山为障止一隘口，进不得方舟。令贼得先据，所谓"一人守险，千人不能过者也"。翅（彭湖）山水多礁，风信不常，吾之战舰难久泊矣。而曰："可以攻者？否也。往民居恃险为不轨，乃徙而虚其地，今不可以民实之，明矣。若分兵以守，则兵分者于法为弱，远输者于法为贫，且绝岛孤悬混芒万影，脱输不足而援后时，是委军以予敌也。"而曰：

"可以守者？否也。亦尝测其水势，沉舟则不尽其深，
输石则难扞其急。"而曰："可以塞者？亦非也。夫地
利我与贼共者也。塞不可，守不可，攻又不可，则将
委之（贼）乎？惟谨修内治而已。"

——明·章潢《图书编》[1]

看得出来，万历年间澎湖就不是一个平静的所在，让明
朝政府守护艰难。要守，派了军队去，但运输补给要两天两
夜，全靠补给非常困难，且守军也不可能派太多人。守军人
少，必定变成敌人攻击的目标。但如果要进攻，那三十六
岛也很难攻，澎湖海域多礁石，战舰根本很难靠岸停泊，
无法久留。如果要派人去岛上定居，以协同防守，却又怕
他们被海商倭寇收买，双方结合，变成一个大海盗窝。而
澎湖湾又是凭恃天险的良港，只有一个狭窄出入口，攻进
去很困难。

可是这里又不能不管，因为地点在福建外海，随时可以
变成倭寇进攻福建、广东的基地。而且这里可以补给淡水，
可以暂时躲避狂风暴雨，也可以和其他海商相约，在这里进
行贸易。特别是倭寇肆虐时期，福建广东沿海抓得凶，海商
无处交易，澎湖倒是一个贸易的好地方。福建海商就和日
本、葡萄牙海商相约在这里交易。

---

[1]何孟兴：《防海固圉——明代澎湖台湾兵防之探索》，兰台出
版社，2017年，第202页。

刊印于嘉靖四十年（1561）的海防巨著《筹海图编》，在卷二《倭国事略》中，即明白地指出，澎湖位在福建泉、漳二府外海，处在倭人进犯福建的路径上，有非常重要的地位：

> 日本即古倭奴国也，去中土甚远，隔大海，依山岛为国邑，《隋书》记在百济、新罗东南，其地形类琵琶……若其入寇，则随风所之。东北风猛，则由（日本）萨摩（州）或由五岛（位在平户之西）至大、小琉球（大琉球即今日琉球，小琉球即今日台湾）而视风之变迁，北多则犯广东，东多则犯福建，若欲入犯时，倭船便在彭湖岛分艘，或之泉州（府）等处，或之（福州府之）梅花（守御千户）所、长乐县等处。[1]

此文表明，在十六世纪中叶，嘉靖时期，此书作者胡宗宪就已经看出澎湖是日本船会合的地方。可能这些船分别从日本、广东、马六甲来，如果想进犯福建，就先在澎湖会合，再分别开往各地。

当然，澎湖仍是捕鱼生存的好地方，附近渔产丰富。特别是每年冬至前后，乌鱼洄游的季节，渔民可以先到澎湖，或直接进入台湾嘉义，在澎湖与台湾之间捕鱼。至于其他季节，澎湖丰富的渔获更是沿海渔民的重要渔场。

---

[1]何孟兴：《防海固圉——明代澎湖台湾兵防之探索》，兰台出版社，2017年，第203页。

把渔获晒干，适合保存，卖给海上的船商、海盗，也是一门好生意。毕竟，澎湖冬季多海风，不适合种植作物，放牧也只能养些耐寒、耐干的牛羊，但产量有限，真正需要的食物例如稻米面粉，还是得去漳泉采买。

拥有这么丰富生活经验的澎湖居民，对来来去去的海商海盗，其实都一视同仁，来的都是客，人走茶就凉。赚钱过生活才是根本。

话说回来，盗亦有道，既然澎湖是一个海上基地，以后还得来这里补给，不能把规矩给破坏了，所以没有人会来这里抢劫。大家都要维护这里的和平。

因此，荷兰来的红毛大船虽然高大，看起来非常威猛，但他们一样柴米油盐过日子。

对于世界发生的巨变，生存其间的人往往是最后觉察的。澎湖也一样。

5　葡萄牙人与中国海商

然而，为什么千里万里之外的荷兰人会相中澎湖，远从欧洲来东亚呢？

故事要从大航海时代，也就是欧洲人称之为"地理大发现"的开端谈起。

1498 年，葡萄牙人瓦斯科·达·伽马（Vasco da Gama）绕过好望角，率领抵达印度西海岸的科利科特，他在这里听到有关几代人以前，有一大队留着长胡子的中国人，几百艘船，上万个士兵和船员，沿着海岸航行的故事。那是郑和下西洋的传说。葡萄牙人很快就知道，如果不是这些中国人的商船和旅行，他们在亚洲要取得立足之地会困难多了。

葡萄牙人来到东亚，是奉了国王的命令，要来寻找"秦人"（Chijns，中国人）做贸易。当时曾经垄断欧洲与中国贸易的威尼斯，因中亚的贸易丝路已经中断，欧洲人需要寻找新的通往中国的贸易线。

《剑桥中国明代史》记载，1509 年在满剌加（马六甲）

做生意的中国人与当地的国王有一些纠纷，于是和葡萄牙人友好。1511年葡萄牙人征服马六甲时，就使用了中国人租借给他的大帆船登陆，才得以击溃马六甲。中国商人一直和葡萄牙人维持友好关系，常常用帆船协助葡萄牙人往返于暹罗（泰国）与马六甲之间。在中国商人的协助下，一位葡萄牙商人与一位意大利人曾往返广州河口的屯门做交易，满载可以获利的货物，赚得盆满钵盈，消息传开来，让葡萄牙人更兴致勃勃。

1515年9月，葡萄牙新任的印度总督阿伯加利（Lopo Soares de Albergaria）抵达果阿，随行的舰队司令安德烈（Fernão Peres de Andrade）率领四艘船从印度科钦（Kochi）出发。不料半途碰上暴风雨，折返马六甲的时候，他们碰上了一位葡萄牙商人，听说他一年前去中国经商，赚了大钱，正要衣锦还乡。安德烈大喜过望，立即买了胡椒等香料，准备去中国大赚一票。

可惜季节风不对，他们又延到来年（1517）6月，南风吹起才出发。这一次，他的野心更大，带上八艘大船和满满的货物。8月15日才开到珠江口的南头岛（也就是现在香港机场所在的大屿山岛），被当地水师毫不客气地发炮警告。经过几番交涉，水师不敢决定，要去请示上级。安德烈等了几天，没有下文，就干脆把船开到广州去了。[1]

---

[1]汤锦台：《闽南海上帝国——闽南人与南海文明的兴起》，如果出版社，2013年。

安德烈驻在广州等候之时，不失商人本色，一边等待广州去请示北京，一边买一些食物补给品，暗地里和广州商贩交易。私底下他还派了一个船长经由泉州，想前往琉球访问。船抵泉州时，泉州人告诉他，季节风已过，为时太晚，于是他留在泉州，才发现"在泉州可以赚到和广州同样的利润"。

其实，早在葡萄牙人来临之前，中国商人在东亚已有非常强大的商业网络。

曹永和在《中国海洋史话》中写过唐朝中叶，波斯、阿拉伯商人常来到中国，当时广州、扬州等港口都皆设有居留地"蕃坊"，让外国人居住，并有"蕃长"管理。中国商人在此地和阿拉伯人交易，并将多余的南海物资与中国物资卖到朝鲜或日本。中西交通干线与东亚贸易路线便连接起来。

唐朝时期的中国是一个向世界开放的盛世。此时的欧洲正是东罗马帝国，灿烂的拜占庭文化丰富而灿烂；西亚细亚的伊斯兰文化也达到高峰，来到中国，在广州、扬州都有居留地。这三个文明在唐朝交会，从商业物质到文化艺术，形成一个难得的全世界文明大融合盛世。

可惜，唐亡末年，天下大乱，伊斯兰商人只能逃到马来半岛避难。宋朝鼓励海外贸易，增加税收，这些商人又回来了。宋朝《萍州可谈》有一则记载说："北人过海外，是岁不还者，谓之住蕃；诸国人至广州，是载不归者谓住唐。广人举债总一倍，约舶过回偿，住蕃虽十年不归，息亦不增。"

显示当时已经有许多人住居当地贸易。这其实不难想见。因风帆船时代，只能靠季节风北上南下，买办货物当以一年为期，船商在各地总需要订购各种货物，仓储备办，始能于季节风起时，顺利起航。因此，在东亚各国有唐人居处，形成街道市集，并非意外。

北宋时广州是最大海港，到南宋末年，泉州已超越广州，成为世界第一大港。福建商人从南海运回香料药材，也将多余的物资转卖至日本、朝鲜。泉州俨然是东亚的转运港。到元朝时，商业更为兴盛。当然这也与元朝时中国人航海技术的不断进步有关。

明朝时，虽然因明太祖朱元璋实施海禁而停滞了海上贸易，但民间的海商利之所趋，依旧走私，络绎不绝。正是有这个基础，郑和七次下西洋，其造船技术、航海技术、航路指引，以及东亚各地的国情环境，其实是继承了唐朝以降，历经宋、元等几百年的海商基础，建立在地网络，一路补给支持，才能顺利带着两万大队人马，一路向中亚航行。

然而，郑和之后依旧恢复海禁。合法商人受到限制，只能用各种非法途径走私，勾结买通官方管道，才能进行海外贸易。被抓到的海商，往往以海盗治罪。因此有些海商干脆就变成了海盗。本来就海商海盗难分，在合法与非法的地带游走，因此他们的手段非常灵活，不只做生意，还可以"牵猴子"（闽南语，中介生意之意），帮葡萄牙人、日本人穿针引线赚钱。

"赔钱的生意没人做，杀头的生意有人做"，海上贸易有利可图，加上生存不易，因此海商版图不断扩大，中国生意人的版图向北扩及日本、朝鲜，向南扩大到马六甲、越南、印度尼西亚、菲律宾等。海商逐渐形成集团，在明朝的官僚集团中，甚至有许多官员私下入股，参与买卖，并保护海外货物的进出口。否则，动辄几十艘船在广州、漳州等港口进出，货物运输到内陆，怎么可能不被发现？

然而，这些大量的外贸出口，也成为中国南方经济的支撑。

江南的丝绸、景德镇的瓷器、山东的棉花都大受欢迎，江南的农村经济也受到影响，经济作物如养蚕、种桑变成一种产业，而跟着丝绸买卖而衍生的产业，如中小盘商经营运送、钱庄营运、海陆交通、交际应酬等，就逐渐形成商业规模。瓷器也一样，从开矿找土，到制模开窑，到运输出口，中间都需要大量的工人、中间商、运输行业、金融钱庄、交际应酬等的支撑。这两大产业，支撑起明朝的南方经济，迎来一个大繁荣的时代。[1]

学者的研究指出，明朝后期有所谓"资本主义的萌芽"，其原因即在于海外贸易的影响。

为求生存而发展出来的海商集团，甘冒海禁的危险，为

---

[1]林仁川：《大航海时代：私人海上贸易的商贸网络》，鹭江出版社，2018年。

明朝开创出面向世界商品经济的大格局。它完全不同于中国传统的农业经济，而走向世界贸易。

繁荣的经济，有利可图的商业，却又受到法令的限制，自然会逐渐发展出一种官商勾结的潜规则。明朝后期，官员中有所谓"海商集团"，即是指支持海上贸易的徽浙闽粤等各省出身的官员。他们早已看到海外贸易对中国南方经济的影响，试图将之导入正轨，例如胡宗宪就是预见趋势的先觉者。他曾用尽心机，想收服大海商汪直为官府所用，以其庞大的势力，平定海上各种势力，可惜其他官员不愿意支持，逼得他不得不杀了已经投靠而来的汪直，自此引发一场倭寇大乱。

隆庆元年（1567），福建月港的开港，即是此种背景下的产物，试图以开放贸易的试点，来管理海上交易，以此平息倭寇之乱。月港的设立，无论税收、海关管理、国库帮助等，都非常成功。福建学者周起元甚至称赞它是"天子之南库"。[1]

然而，在中国北方依旧是传统的"面朝黄土背朝天"的农业经济，明朝主要的传统，仍重视农业为立国的根本，而视不断壮大发展的海外贸易经济，是国家无法控制的乱源。

正是在"南方官僚 vs 北方官僚""商品经济 vs 农村经济""海外贸易 vs 闭关锁国""合法贸易 vs 非法扫荡"的重

─────────────

[1] 相关故事，请参见《1624，颜思齐与大航海时代》，九州出版社，2021 年。

重矛盾下，海禁政策的实行时而宽松，时而紧张，以致月港模式无法推而广之，让中国成为海权时代的贸易大国。

可惜的是，保守派的朝臣未曾体会欧洲国家东来的冲击，只会重复着海禁是祖宗朱元璋开国指示，以"祖宗遗制不可变"为理由，守旧到底。

《大明律》规定："若奸豪势要及军民人等，擅造三桅以上违式大船，将带违禁货物下海，前往番国买卖，潜通海贼，同谋结聚，及为向导劫掠良民者，正犯比照已行律处斩，仍枭首示众，全家发边卫充军。其打造前项海船，卖与夷人图利者，比照将应禁军器下海者，因而走泄军情律，为首者处斩，为从者发边充军。"由于严格到"全家发边卫充军"，所以有许多中国海盗都剃了前额头发，装扮成倭寇，以免被抓到的时候，全家牵连。

依据厦门大学林仁川教授从被捕的海盗名单加以研究，所谓"倭寇"，日本人只占了15%，中国人占了85%。因此倭寇更多是中国人借用日本倭寇名字，变身为海盗，再改变装扮，剪了日本式的发型，假装日本人，以逃避追捕。否则，海盗的家乡亲人都会受牵连。而所谓海盗也不一定是海盗，而是不小心被抓到的海商，因为违反海禁，而被贪心冒功的官员上报成了海盗。[1]

总之，在欧洲人所谓的"地理大发现"之前，亚洲国

---

[1]林仁川：《大航海时代：私人海上贸易的商贸网络》，鹭江出版社，2018年。

家，特别是明朝时期，中国南方已经有非常兴盛的贸易活动，并形成经济规模，因此新来的欧洲人才能找到合作对象与非常容易进入的市场，迅速展开商业活动。

先到东亚的葡萄牙人就占了这便宜。他们有中国海商帮他们"牵猴子"。

6 澳门，一个开创性的灰色地带

1519 年之后，在南海的福建商人带领下，葡萄牙商人向北到达浙江、江苏的双屿，这里靠近温州，更接近丝绸与瓷器的产地。1543 年，安徽商人汪直已经在日本建立起贸易网，并与平户岛主关系非常好。有一次，他搭船从南洋北上，遇上飓风，船漂流到日本种子岛，同行有三个葡萄牙人，他们在汪直的引介下，向日本岛主示范了火绳枪。这种一枪射穿的武器，引起岛主的注意，立即请工匠学习制造方法，为日本开启火绳枪的制造。随着火绳枪的使用，日本战争形态也改变了。过去靠长期训练武士才能上战场决胜负的形态，变成农民也可以加以训练就上战场的枪队。[1] 中国海商的影响力由此可见。

借由汪直的引介，葡萄牙的触角伸入日本长崎。

葡萄牙的跨国商业模式逐渐扩展，以双屿为基地，向北

---

[1][日] 上田信：《海与帝国：明清时代》，叶韦村译，台湾商务印书馆，2017 年。

60

连接日本，向南连接南洋诸岛。他们把马六甲的香料、原料卖到中国，再把中国丝绸瓷器卖到日本，回头又把日本的白银（当时日本发现了银矿而盛产）卖到中国，把中国丝绸、瓷器卖到欧洲，灵活的经营策略非常成功，建立起第一条"世界贸易航线"。

然而，由于所有海外贸易都是非法进行的，一切依靠潜规则。若有人"黑吃黑"仗势不照规矩走，谁也拿他没办法，便很容易发生纠纷。1548年，一个明朝官员仗着朝廷的权势，对海商"黑吃黑"，引爆海商不满，以讨债为名，带着武力集团去抢劫官员家，官员又告上朝廷，最后皇帝直接下令围剿双屿，把所有海商都当成海盗围杀。

葡萄牙与中国海商四处逃窜。直到负责追剿的官员朱纨因"虚报军功""过度残杀"被追究责任，事件才平息。但自此之后，即进入十五年的"嘉靖大倭寇"时代。海商被迫变成海盗，海盗更加横行于海上。

不过葡萄牙人还是维持商人本性，对海上打劫没有兴趣，只是想方设法做生意，打好关系。

1552年，一个名叫列奥内尔·德·索萨（Leonel de Sousa）的葡萄牙人到达了广东。他观察到想从中国的贸易中获利，一定要与中国的利益和权力集团打好关系。这显然与第一代葡萄牙人认为中国落后，只有硬打才能打开大门是完全不同的。他认识了一位明朝海道副使，也就是广东海上防务巡察副长官——汪柏。他成功贿赂汪柏之后，由汪柏向上级打报告说：由于暴风雨，葡萄牙船漂到澳门，船上货物全部打湿了，需要地方晾干，所以允许上岸曝晒，并同意他们纳税后至广州贸易。

这几乎是一个贸易特许，等于改变了明朝的朝贡制度。但汪柏很聪明，把"允许至广州贸易"这个最重要的关键，埋藏在"同意晾干"这个小事后面，表面上只是"同意把晾干的东西去广州卖掉"，殊不知葡萄牙人可以"纳税后至广州贸易"自此开始。此公文一旦通过，广州开放与澳门贸易就成定局。这便是中国官僚最厉害的地方：在公文书里暗藏玄机。而明朝的高层官员、皇帝也未明察，便规定只要每年交规费五百两白银就可以了。[1]

自此开始，本来只是一时应急之策，反成为惯例。澳门成为葡萄牙花钱租用的港口、正式贸易据点。随着商业的扩展，葡萄牙人的据点从一个仓库，慢慢发展为几个仓库，再演变为市集，广东、福建、江浙的商家云集来此，市集开展成几条街，一整个商业区，葡萄牙的地盘不断在扩大。

明朝的一些官员则在收了好处之后，睁一只眼闭一只眼，把被占用的土地都当成灰色地带。反正本来就没有明确的租用范围，只要官方不管，民间没有所有权观念，谁也不想去管。久而久之，就形成一个葡萄牙人在明朝的最大交易市场。每年土地租税也提高到两万两白银。

---

[1]廖大伟：《十六世纪葡萄牙人在漳州的航海与贸易》，《首届月港海丝文化论坛论文集》，2015 年。

　　曾有明朝官员提出要将葡萄牙人赶出澳门，但另有一派人认为，与其让他们在海上到处打劫，不如让他们继续在澳门经商，至少澳门的水、食物、货源都靠广州，只要一断了食物，澳门的葡萄牙人一定乖乖听话。如此一来，葡萄牙从此以租借的方式殖民澳门。从 1557 开始，直至 1999 年，澳门回归祖国才结束。

　　澳门的葡萄牙语名称叫"Macau"，传说是因为第一批葡萄牙人上岸的时候，问当地人此地的名称，当时澳门以福建人居多，就指着海岸边的妈祖庙，以闽南语回答"娘妈宫"。"娘妈宫"闽南语发音连起来近乎"妈阁"，就这样成了葡萄牙人称呼澳门的名称。

　　澳门虽然成为广东一带的交易中心，但中国商船只能来此交易，不能像葡萄牙船一样合法出海贸易。海上非法贸易情况，要直到 1567 年，嘉靖死后，隆庆元年开始，月港开港，让中国船可以合法出洋，才宣告海禁结束。

　　但葡萄牙在澳门、广州的商业，遍及中国各地。甘为霖（William Campbell）在《荷兰时代的"福尔摩沙"》（*Formosa under the Dutch*）中写道："中国是一个物产丰富的国家，它能够把某些商品大量供应全世界。中国人把货物从全国各地，运到他们认为最有现款购买货物的城镇和海港，最后又把货物运到澳门和广州。但后来他们运往广州的货品的数量如此之大，以致葡萄牙人没有足够的资金购买。"

　　有一个年轻人，因为无意于科举功名，就带着家里的介绍信，来澳门找他的舅舅学习做生意。他在澳门学会了葡萄牙语，后来为了帮舅舅押货去日本，就跟一个叫李旦的商人，到了日本平户。生得英俊挺拔的这个青年，很快爱上一个身上充满香气的日本姑娘，和她结了婚，生下一个孩子。后来他跟一个福建海商到台湾，当过荷兰人的翻译，最后成为一名大海盗，一个跨国海商集团的领导人。

这个青年的名字，叫郑芝龙。他在日本生下的儿子，就是郑成功。他们父子改变了台湾的命运。

郑芝龙命运的转折点即始于澳门。澳门为明朝开启一个国际贸易港，向内连结江南经济，向外打开一扇通往世界的窗口。经济活络起来，人就活络起来了。

7　西班牙与荷兰的东方争战

　　葡萄牙在澳门的利益，引起西班牙的注意。伊比利亚半岛的这两大海权强国，在地理大发现时代的初期，就已经为了抢地盘而不断冲突，于是由教宗亚历山大六世调解，于1494年6月7日在西班牙卡斯蒂利亚的小镇托德西利亚斯签订的一份旨在瓜分新世界的协议，名叫《托德西利亚斯条约》（西班牙语：*Tratado de Tordesillas*）。大略言之，原有非洲、印度洋航线这边，由葡萄牙拥有开发权；西班牙则只能向美洲及大西洋发展。

　　西班牙所派遣的麦哲伦因此航行过大西洋，到达美洲，更远达菲律宾，虽然他在菲律宾过世，但为了证明地球是圆的，他的船一艘走原路，另一艘由反方向回去，终于完成壮举，绕行地球一周。

　　西班牙殖民菲律宾始于1565年。国王眼见葡萄牙在亚洲的发展，下令墨西哥总督去殖民菲律宾。同时开始寻找顺风回航的路径。经过摸索向北，终于找到顺着太平洋黑潮走的回程，一路到达美国加州海岸。这一条航路变成西班牙的东方贸易线。由于宿雾不适合航船进出，1570 年，西班牙人决定攻下吕宋岛的马尼拉，成为新的殖民贸易据点。

然而早于三年前的隆庆元年（1567），漳州月港开港，正式成为向外国贸易的开放港口。一时间，中国"生意人"活跃于东南亚诸国。马尼拉则早有许多福建生意人。

他们很快和西班牙人交上了朋友。当时菲律宾人都把中国人称为"生意人"。这是由于福建来的人都是来做生意的，他们用闽南语称自己为"生意人"，于是当地土著称呼中国来的人都叫"Sangleys"。[1]

福建生意人的圈子不大，西班牙人好打交道的消息很快传开来。马尼拉的贸易迅速兴盛起来。福建人喜欢攀亲带戚，互相拉拔，有钱大家赚，总是比较放心。因此一个拉一个的，建立商业据点。马尼拉的中国人很快达到一两万人，聚集成区，集结成市。

1573 年，第一艘来自马尼拉的船抵达太平洋对岸的墨西哥港口阿卡波可（Acapulco），此船满载着中国丝绸、瓷器和香料，这些商品的价格和西班牙相比，便宜了十倍[2]。西班牙人大感惊艳之余，立刻发现，中国方面最需要的是白银，因为中国的货币就是白银，只要将这里生产的白银运往

---

[1] 汤锦台：《闽南海上帝国——闽南人与南海文明的兴起》，如果出版社，2013 年。

[2][日] 上田信：《海与帝国：明清时代》，叶韦村译，台湾商务印书馆，2017 年。

马尼拉，再和中国的船商交易，几乎是一本万利。

1587 年，有三十多艘中国帆船运载大量丝绸到马尼拉，西班牙总督十分惊讶地说："他们卖得这么便宜，以致我们只能做这样的想法：是不是他们的国家生产这些东西都不需要劳力？或者即便弄到这些东西也不用本钱？"

另一位在吕宋住过十八年的神父也说："从中国进来各种丝货，以白色最受欢迎，其白如雪，欧洲没有一种出品能够比得上中国的丝货。"和当时的欧洲比起来，中国出口商品不仅质地优良，价格便宜，而且货源充足。

一条从亚洲通往欧洲的航线自此展开，被西班牙人称之为"黄金航线"。

从漳州月港，到马尼拉，转到美洲、墨西哥，再转回欧洲。中国以月港为出口港，源源不绝地向欧洲输出。而白银，也源源不绝地从墨西哥流入中国。

根据全汉升在《中国文化研究所学报》的研究报告，1565 到 1815 年，两百多年的时间里，每年从西班牙美洲殖民地（包括墨西哥、秘鲁、玻利维亚等）运往马尼拉的白银，均在 100 万至 400 万比绍，用于向中国购买各种制造品。1571 至 1821 年间，从美洲运往马尼拉的白银，共计 4 亿比绍，其中有一半流入中国。中国因此被称为"欧洲白银的坟墓"。[1]

---

[1] 徐瑾：《白银帝国：从唐帝国到明清盛世，货币如何影响中国的兴衰》，时报文化出版，2018 年。

更让人感到不可思议的是，1580 年西班牙与葡萄牙合并为一个王国。这是由于西班牙国王腓力二世的外甥——葡萄牙国王塞巴斯汀一世（Sebastian I）在对抗伊斯兰教徒的战役中阵亡，他是独生子，只能由他的叔叔恩里克一世（Henrique I）继位，但他上任时年纪已经很大，两年后逝世，王位由另一个侄子安东尼奥继承，但不受教宗的承认。教宗认为依照亲属关系，王位第一继承人应该是西班牙国王腓力二世（Felipe II de）。正在争议中，葡萄牙教宗带领着腓力二世的军队攻入里斯本，占领王宫后，将两国合并为一个联合王国。自此西葡两国同阵线，直到六十年后，葡萄牙才又独立。

这也是为什么荷兰明明是要从西班牙独立，却在亚洲拼命攻击葡萄牙租借地澳门，也攻击马尼拉的原因。

照说西班牙已经与葡萄牙合并成联合王国，利益应该一致，但 1582 年西班牙皇帝还特别派了阿隆索·桑切斯（Alonso Sanches）神父来澳门宣布这个消息。起初葡萄牙人还非常抗拒，但最后，不论是澳门上层人士还是普通市民，都接受了，城内还有人举行了私人庆祝活动。人们普遍认为，腓力二世的国势强盛，可以帮助澳门葡萄牙人巩固地位和获得更好的处境。

阿隆索·桑切斯神父回到马尼拉之后，举办盛大的庆祝仪式，恭贺他让澳门的葡萄牙人顺利合并。因为，此时马尼拉的人正在劝说马德里"征服中国"，而澳门正是"征服中国"计划的"钥匙和门户"。

1584 年，桑切斯神父再度跟着西班牙外交使团来到澳门，想说服澳门教会支持他的计划：送一些礼物，特别是一个精致的时钟，给广东的官员，好让他们支持西班牙教会进入中国传教，资助建立传教团，让中国人皈化，同时和广东建立直接联系，好让他们协助西班牙外交使团前往北京觐见皇帝。

澳门的葡萄牙人可不认同这个计划。他们认为西班牙人若直接进入广东，和中国人建立贸易关系，将会影响澳门的独家生意，损害葡萄牙人的利益。虽然是联合王国，但葡萄牙人仍打着自己的算盘。

1584 年，马尼拉还在做着"征服中国"的梦。《澳门编年史》记载："6 月 25 日，葡萄牙耶稣会会士、澳门会院院长弗兰西斯科·卡布拉尔（João Francisco Cabral）写信给腓力二世，提出'征服中国'的建议。他指出'征服中国'可以得到的好处：一、为上帝服务，弘扬圣教信仰；二、征服中国可以扬名全球；三、收入巨额增加；四、为西班牙属下各国的海关王家税收带来巨大增长；五、可能得到大量银库；六、基督教世界可获大益。他还列举了成就此大业的因素：一、中国人通常矫揉造作，不堪一击，尤其是贵族弱不禁风；二、华人手无寸铁，除了守卫边疆的士兵外，就连佩剑都遭禁止，只有国王的仓库里才有武器；三、全中国无一发铜制的炮弹，城镇的高墙不堪一击；四、全体人民不忠心耿耿，喜欢揭竿而起；五、政府严厉，任何一个小镇上执法官员如云。另外，外部的便利条件有：澳门是一可供大船停泊的良港；广州之外，还有回应；菲律宾近在咫尺等等。"

12月23日，马六甲主教里贝罗·卡耀（João Ribeiro Gaio）则提出一个大胆的征服中国计划："许多人以为，陛下在以上述安排派舰队攻打亚齐时，可通过菲律宾组织一支人员达四千人的第二舰队，前去攻打暹罗和北大年，因为如果陛下在这些地方设立了据点，将威震四方，一切太平，无人胆敢闹事。然后不必有破费，陛下将成为金银遍地的中国及广州城的主人。据众人说，世上再无此富裕之地。在征服时，可从暹罗调集一切军需给养。"他在计划中，还绘制了航图，解说征服暹罗和北大年的程序。

随后不久，荷兰独立战争开打，1586年英国和荷兰结盟，一起对抗西班牙，随后几年，西班牙无敌舰队被英国打得惨败，国力损伤惨重，征服中国之议便不曾再被提起。

然而，此处要特别指出的是，从一开始，西班牙就在打中国的主意。他们的理由如前所述，除了宗教的说辞以外，主要还是利益，他们看中中国商品、税收和银库。而他们敢做此想，主要是认为明朝毫无战力，甚至认为只要用四千多人的军队，打垮了暹罗和北大年，中国就顺势取得了。

西班牙对中国防卫的观察有对有错，但他们的眼光太短浅，视界太窄，不了解中国的实际国情，只看到广州，却不知中国之大，地域之广，兵众之多，不要说四千人，丰臣秀吉的十五万人在朝鲜战争都打得无比惨烈。

不过，这征服计划的观点与分析，代表着欧洲国家对中国的观察，也是他们对中国的基本态度。这种偏狭的心态，甚至他们所具有的野心，所想要采取的方法，几乎成为一种被传承的认知方式，影响至为深远。从十七世纪，直至二十一世纪，有些欧美论述中国的文章、政治文告里，仍可看到那种"派四千人军队就可以成为广州和中国的主人"的无知与轻慢。

和西班牙不同的是，葡萄牙人待得久一点，稍稍了解中国国情，态度上审慎多了。

1598 年，马尼拉的西班牙人图谋在广州河口建立一个自己的贸易据点，他们花了七千里尔，送了许多礼物，并被告知可以在一个叫埃尔皮瑙（El Pinal，意思是菠萝林，但具体地点无法查证）的地方立足。葡萄牙人试图说服广州当局不要同意，让西班牙人离开，但没有用；于是他们擅自发动攻击，然而并未成功打败西班牙人。最后是由广州当局出面，减少了澳门的食物供给，吓得葡萄牙人赶紧喊停。但葡萄牙人仍旧在澳门的另一个地方攻击了被风暴损坏的西班牙船。葡西矛盾扩大，后来西班牙就不敢再来打澳门和广州的主意了。

由于葡萄牙独占了中国贸易，并且建立以此与日本、马六甲、欧洲的贸易路线，澳门成为欧洲各国觊觎的港口。

荷兰船首度在中国水域出现是 1601 年，在澳门附近停泊。他们派人在沿海附近探测，其中一队人被葡萄牙人抓捕。二十名荷兰俘虏中有十七个人被处决。明朝官员不是不知道，但广州的官员判断，葡萄牙人打算破坏任何想来中国做贸易的人，甚至不惜武装冲突。当然，其中还包括了被打退的西班牙人。

照理说，明朝官员应该有所行动，不能放任葡萄牙的扩权行为，把广州海域视为禁脔，这对中国的主权是一种伤害。但明朝官员反而认为，与其让西班牙或荷兰人来，不如由葡萄牙租用澳门，还可以让他们帮忙防守边防，至少可以透过食物的供给，控制葡萄牙人。

然而荷兰人却另有所图。

荷兰原属于西班牙。但荷兰人多数信仰基督新教，与西班牙天主教不同，加上被西班牙国王课以重税，又集权，引起荷兰居民反抗，遂发动独立战争。从 1568 年开始打起，直到 1648 年才结束。史称"八十年战争"。这期间，荷兰逐步壮大，而为了削弱西班牙的国力，切断马尼拉到西班牙的"黄金航线"，并夺取葡萄牙在澳门的利益，当然是最重要的战略。

不过最让荷兰东印度公司兴奋的，是史称"世纪大劫案"的一宗海盗案。

8 海盗，没有边界

1602 年，荷兰商人为专门从事东方贸易，在阿姆斯特丹成立"联合东印度公司"（Verenigde Oostindische Compagnie，简称 VOC）。其权力远远超越一家"股份有限公司"，是由荷兰国家议会授权赋予该公司东到好望角，西到麦哲伦海峡，包括印度洋、太平洋海域的贸易垄断权。

同年，该公司即派遣了韦麻郎率领船队，由荷兰出发，东来寻求通贸机会。经过三百多天的航行，于次年（1603）抵达了印度尼西亚的万丹，之后，韦麻郎又分遣船只进扰广东、澳门，却为葡萄牙人击败，荷人遂退往大泥国（位在今日泰国）。

1603 年 2 月 25 日清晨，荷兰的两条大船"白狮号"与"阿尔克马尔号"在海军上将雅克·范·海姆斯凯克（Jacob van Heemskerck）的率领下，在马六甲海峡的柔佛俘虏葡萄牙商船"圣卡塔莉娜号"。船上载了总重超过 50 吨的十万件瓷器，以及 1200 捆的中国丝绸，那一年意大利丝的生产停摆，那批丝绸销路好得不得了。欧洲买家群集阿姆斯特丹，各国王室不管行情多少，一律买下。[1]

东印度公司的大甩卖总收入高达 340 万荷盾，超过荷兰东印度公司成立之时认购资本额一半以上。当时，一个荷兰教师的年收入约 280 荷盾。而一个受雇到船上的船员，年薪也只有大约 120 荷盾。用现在一个荷兰教师的平均年薪约有 6 万美元对比，换算下来，这一宗抢劫的代价相当于现代的 7 亿美元。

一次海上打劫得七亿美元，获利何其惊人！

惊人的暴利，让荷兰继续打劫。《澳门编年史》记载：1603 年 7 月 30 日晚，一艘从中国前往日本贸易的葡萄牙大黑船，在启航前被韦麻郎率领的两艘荷兰商船和一艘中型舰在澳门港乘虚截获，船上载有 1400 担生丝和大量黄金，还有其他货品。这样澳门人就先后失去了这两艘大船的所有资本。他们此时还欠日本人巨额货款，日本人赊账把货物卖给了这两艘船。澳门耶稣会士在这两次事故中损失巨大，他们再也无力救济他人，反要靠救济为生。

那是一个没有国际公法的时代。还有什么比当海盗更好赚的？

葡萄牙强烈抗议荷兰以武力俘虏"圣卡塔莉娜号"，但

---

[1]卜正民（Timothy Brook）：《维梅尔的帽子：从一幅画看十七世纪全球贸易》（*Vermeer's Hat：The Seventeenth Century and the Dawn of the Global World*），张中宪译，远流出版社，2009 年。

荷兰法庭却判定：由于 1601 年一艘荷兰船前往澳门要求与
明朝贸易时，船员遭到葡萄牙杀害，所以有权为此报仇，将
战利品视为"合法的俘获物"。还让胡哥·格劳秀斯（Hugo
Grotius）写出一篇《海洋自由论》[1]，声称"公海可以自
由航行，任何国家之间的交流与贸易都是合法的"。葡萄牙
人则声称，在罗马教宗允许的基础上，他们有权进行垄断贸
易，并获得东印度群岛的领土、财产及海关关税。[2]

从现代角度看，这一切公海的划分与抢劫当然都是不合
理的。教宗并不拥有东亚、印度公海的所有权，哪来划分的
权力呢？同样的，荷兰以报复为由抢劫海上财产，也是一个
海盗行径。因此，此事只能视为欧洲国家在大航海时代海权
争霸战的开端，以及海洋法理论萌芽期的探索。那时海洋的
冒险才刚刚开始，会发生什么事，有什么战争冲突，规模有
多大，抢劫、俘虏、奴隶、杀人等，该怎么解决，还无人知
晓，也就无从定下解决的办法，以及法令的规范。

直白地说，就是强者为王，败者为寇，谁抢到了就是谁
的。它也证明了中国沿海的海盗与海商的行径，不是单一的
现象，而是十六、十七世纪大航海时代的共相。

---

[1] 此文是研究海洋法必读经典，最初引进中国的翻译叫"虎
哥·格老秀士"，很能反映民国初年广东的语言风格。
[2] 林肯·潘恩（Lincoln Paine）：《海洋与文明：世界航海史》
（*The Sea and Civilization：A Maritime History of the World*），陈建军、罗
燚英译，广场出版，2018 年。

此处要特别指出的，是因为以往的中国历史总是将海盗、海商视为中国沿海安定的破坏者，以"扫荡倭寇"为英雄，但从海上贸易、海洋秩序、跨国交易、跨国商业活动、文化交流、宗教传播等概念来看，这些都是航海时代的试探。在这一场试探里，中国人，特别是南方沿海的海商，探索开始得很早，也在亚洲各地建立相应的商业模式。也就是说，从唐朝开始的东亚贸易圈，历经宋朝的发展，元朝的繁盛，到明朝虽然有海禁，却仍无法禁绝，而且愈发繁荣，事实上，东亚有自己的贸易秩序。相较于欧洲的海上战争杀戮，亚洲的海域算是相当平和稳定，只是这一比较性的课题还缺乏深入的探究。

回到荷兰来说，试探过澳门商业环境而觊觎不已的荷兰东印度公司，意外劫夺葡萄牙大船而发大财，自此知道与中国贸易才是最大的利益，与其靠抢，不如建立长期的贸易管道，才能永久获利。因此积极展开部署，不断接触南洋一带的华人。

由于1567年月港的开放，南洋一带的华人确实增加很多。特别是1603年，西班牙在马尼拉大屠杀华人之后（此事我们以后会说到），马尼拉已无华人敢去做生意，市道一落千丈。华人转向马六甲、印度尼西亚、泰国等地经商，但仍心有余悸。荷兰人生意也不好做，只能在华人之间找机会。

1604 年，久驻大泥（在泰国、马来西亚一带）的漳州海澄商人李锦和荷兰人做生意，与韦麻郎认识，又介绍了来到大泥的商人潘秀、郭震和荷兰人相识。几度往来，逐渐熟识。

有一天，韦麻郎感叹地谈起：想去中国做生意，却苦无门道。两年前，荷兰一个海军上将带了舰队去珠江三角洲，看到"山上有一座葡萄牙式的教堂，顶部有一个蓝色的十字架"，他们非常高兴，在东方见到欧洲的信仰，派出二十个人去和葡萄牙谈判，却不料二十个人都被抓起来，后来十七个人判了死刑，只有三个人生还。他谈到澳门利益被葡萄牙人独占，其他地方的人都不能去做生意，仍感到愤愤不平。特别是澳门现在成为仇敌西班牙的领地，就更恨不得抢过来。

李锦于是充分显现福建人"牵猴子"的能耐，安慰道："中国那么大，也不是只有澳门一个，多的是土地肥美，物产丰盛的好地方。像以前和马尼拉做生意最多的漳州，就是一块好地方。现在他们已经不敢去马尼拉做生意了，不如你去和他们建立长期的贸易。"

"可是那里有地方可以租用吗？"

"那里的外海，有一个小岛叫澎湖，可以经营防守，变成另一个澳门。"

"可是，如果守臣不允许呢？"韦麻郎不太相信这么容易做到。

"放心，有一个太监叫高寀的，专门派来福建帮皇帝收税，这个太监啊，有金钱癖，极其贪财，只要好好侍候他，给他好处，再请他特别向皇帝写报告，他是皇帝身边特派的人，皇帝没有不许可的。只要皇帝下令，那些地方的守臣谁敢反抗？"

"太好了。"韦麻郎找到出路，很高兴地同意了。[1] 当然，他的考虑里，也包括了可以抢夺月港与马尼拉的生意。这有助于荷兰独立战争。

于是，李锦帮韦麻郎写了三封信，一封给"中贵人"高寀，一封给"备兵观察"的地方官员，一封给漳州海防同知陶拱圣。

信是以大泥国王的名义，写给明朝官员，声称旧浯屿本来就是与荷兰国有通商的地方，现在应该开放给它们正式贸易，请求在福建开港。

1604年五月间，季节风吹起，可以从南洋向北方航行时，潘秀启程了。他带着国书，以为未来可以当大泥国的特

---

[1]明张燮在《东西洋考》有如下记载：（海）澄人李锦者，久驻大泥，与和兰相习。而猾商潘秀、郭震亦在大泥，与和兰贸易往还。忽一日与酋麻韦郎谈中华事。锦曰："若欲肥而橐，无以易漳者。漳故有彭湖屿在海外，可营而守也。"酋曰（指韦麻郎）："倘守臣不允，奈何？"锦曰："（高）寀珰在闽，负金钱癖，若第善事之，珰特疏以闻，无不得请者。守臣敢抗明诏哉！"酋曰："善。"乃为大泥国王移书闽当事，一移中贵人，一备兵观察，一防海大夫，锦所起草也，俾潘秀、郭震赍之以归。防海大夫陶拱圣闻之大骇，白当道，系秀于狱。震续至，遂匿移文不投。

使、兼任荷兰中间商，获得大笔利益。他到了福建之后，先和高寀接触，获得良好响应，心下有了底，也大胆了，就公开地劝官员说：荷兰船高大，火力强，明朝不是对手，不妨仿照葡萄牙租用澳门的先例，让荷兰租用澎湖，和福建做生意，一如澳门对广东经济有帮助，荷兰也可以对福建的经济有帮助。

不料漳州海防同知陶拱圣一听，大感惊骇，再看到他的公文书，等于是帮荷兰人来做说客，就把他当成荷兰人的代理人，以"勾引罪"给抓了起来。

随后来到的郭震听到这消息，害怕得不敢再去接触。只有高寀这一边相当积极，他知道荷兰人若要得到明朝的官方许可，只能靠他向皇帝上疏，从上面直接压下来，而现在万历皇帝生病，也有人说是酒色财气搞得身体虚空，根本就不上朝，更重要的皇帝特别爱钱，只要多给钱，再利用朝中太监内应，多送些钱，就可以成事。他准备借机大捞一票。

本来，韦麻郎与潘秀说好，等事情办成了，会派船来迎接他们去福建，但韦麻郎等不及回信（依照季节风，可能得等到九月北风吹起，潘秀才会搭船回来通知），于是在等待了两个多月以后，7月初，三艘克拉克大船一开，带着东印度公司的士兵、银子与商品，先是准备到澳门，想找葡萄牙算账。想不到碰上东北暴风，方向一偏，被吹离广东，直接飘到南海。

他在华人的指引下，方向一转，直接开到了澎湖。

到达的那一天是 8 月 7 日（万历三十二年七月十二日）。

本来，明朝水师在春、冬两季时必须出海远航。"兵船先会编结成大型的巡海舰队，前往辖区中的'备御要地'屯守，并由此出航至附近洋面游弋，以备乘北风（尤其是东北风）入犯的倭寇、海盗、敌人，此即所谓的'春汛'和'冬汛'。一般"春汛以清明前十日为期，驻三个月；冬汛以霜降前十日为期，驻二个月。浯（屿）、铜（山）二（水）宁分兵为声援"[1]。

当然，这只是大略规定的日期，实际执行起来还是看主司其事的福建巡海道官员，依每年情况来决定。一般而言，春汛约 3 月到 5 月间，南洋的海盗容易顺风北上抢劫。冬季防汛则在 9 月到 11 月间，日本倭寇容易南下澎湖聚集，再转至他处抢劫。

而 8 月正是防汛的空档。荷兰人来的时候如入无人之境。三艘大船顺利占领港口。

澎湖的老百姓早已知道，无论来的是倭寇、海盗还是海商，都需要补给，所以不会对本地人动手。一旦本地人跑光了，他们麻烦才大。

荷兰人于是毫无顾忌地放话出去，准备在这里建一个贸易基地。把澎湖当自己的领地了。

韦麻郎带来几个福建人当翻译。由于葡萄牙人、西班牙

---

[1]何乔远：《闽书》，第 40 卷，福建人民出版社，1994 年，第 989 页。

人来东亚做生意已有七八十年，福建人之中有不少通晓西语、葡语的人。此处特别一提，2018年台湾清华大学教授就曾在菲律宾马尼拉的圣多玛斯大学档案馆里，见到一份距今约四百年的十七世纪"西班牙—闽南语辞典"（Dictionario Hispánico-Sinicum）手稿，2019年该原稿即由台湾清华大学出版原书翻印本。这显示当时闽南人学习西班牙语之普遍，因此不乏通西班牙、葡萄牙语的人。

翻译者之中，有同来的李锦，他搭渔船回到漳州，假装自己是被荷兰人俘虏，逃回来家乡。可是他到处打探消息的模样，很快被识破，也被抓起来了。另有一位原来在马六甲做镶金的工艺匠人林玉，韦麻郎请他去泉州、福州联络潘秀，打探消息。林玉带了一些钱，假装要帮荷兰人购买大船的桅杆，需要长又大的木材，到处接触打听，并与高案直接联络上。当然，买那么大的船桅，不是一笔小生意，木材也不好找，消息很快传开。

此时，荷兰人想买通高案，通过皇帝下令，让荷兰人比照葡萄牙模式，在澎湖建立贸易基地的消息，已不胫而走，很多船商都来澎湖做生意。他们相信以高案直通皇帝的能耐，荷兰人的事当然有可能办成。

高案是一个令福建本地官员痛恨的人物，但他是皇帝派来的，谁都拿他没办法。然而，高案的权力也只能及于银税、矿税的部分，地方上的行政、法律、土地、经济、军事等管理，他无权插手，因此他无法指挥地方官听命办理。

高寀走的是高层路线。他认定接近皇帝的宦官才是朝廷最有力的，唯一可以让皇帝签下同意公文的人。他们只要在公文上做做手脚，在文字上写得迂回曲折一点，让懒朝十几年、天天抽鸦片的万历皇帝看不懂，甚至根本懒得看，再让负责盖章的公公直接把公文给通过了，这样，就算地方官有意见，也来不及。

高寀自信满满，一点也不避嫌，更不理会地方官员的反对，继续和韦麻郎谈价码。他派了一个名叫周之范的人为代表，到澎湖和荷兰人接洽。

高寀给韦麻郎开出的价码是：他可以让皇帝同意荷兰正式通商，办好贸易许可，但要打通关节，中间收买的钱，得花个白银三万两。为了提前去北京疏通皇帝那边的宦官，韦麻郎要先预付两万两白银。

这个价码确实是太夸张了，高得离谱。

当时一个明朝水师小兵，像沈有容手下的士兵，一个月的薪水才不到一两，而一个七等知县，年薪也约四十五两。一下子敢狮子大开口，要三万两，简直是不可思议。或许高寀料定贸易权利一旦拿到，荷兰可以永久享用对中国的贸易特许，利益万年，开这个高价并不冤枉。

刚到澎湖的韦麻郎虽然还不了解明朝极其复杂的官僚体制，却知道皇帝是拥有绝对权力的人，福建的任何商人都会告诉他，最靠近皇帝、侍候皇帝起居生活、看公文的人，就是太监。他们的性器官被阉割了，所以可以在皇帝身边侍候，不会和寂寞的妃子发生性关系，这是中国最特殊的风俗。韦麻郎和所有来到中国的欧洲人一样，对此深信不疑。而且介绍他到中国来的商人李锦、潘秀一开始就这么告诉他，可以买通太监，他才开着大船过来的。

然而，读者应该会感到很奇怪：这些宦官公公不是应该在皇宫之内，侍候皇帝吗？怎么跑来地方上收税呢？

没有人会想到，荷兰人来澎湖会交涉到高寀，竟和日本的丰臣秀吉，以及朝鲜战争有关。是的，东亚国家的关系，一个地方政权的崛起，彼此间的战争与和平，往往牵动地区的安定。那又是欧洲之外，不得不正视的脉络。

大海一呼啸，沿海就摇晃，澎湖也震荡。东亚国家命运联动，在此再度印证。

9　丰臣秀吉的朝鲜之役

　　高寀会来福建，甚至派人来到澎湖，这个离泉州两天一夜航程的小岛，在荷兰与明朝首度打交道的历史上，扮演一个重要角色，说起来，都是丰臣秀吉惹的祸。

　　没错，就是结束日本战国时代的关白、被作家远藤周作形容"长得像一只猴子的矮小男人"丰臣秀吉。

　　1582 年，丰臣秀吉继承织田信长的势力之后，很快掌握本州岛大部分地区，1585 年，四国臣服。1587 年南部岛津家连同孤悬海外的对马岛一并落入他的手中。剩下的只是东京附近的抵抗势力，以及让东北内陆的出羽和陆澳归顺自己。日本即将统一，丰臣秀吉感到困惑了：他一生的所有成就来自打仗，一旦和平时代来临，他能干什么？

　　和织田信长一样，他野心勃勃，信心满满，在和一些外国的书信往来中，他多次提到征服世界才是自己的使命。更何况，这些收进来的大名只要宣誓效忠，他都会给他们更多的领地，如果停止对外征讨，这些大名手拥重兵，只会在内部跟他讨东西，他一定穷于应付，与其如此，不如发动亚洲征服战，让习惯打仗的军人有一个出路，打了胜仗，占领地盘，大家"分田分地真忙"，没空来找他麻烦。至于亚洲最大的国家，不用说，当然是中国。但中国太远太大，要征服它，就得从最近的地方下手。于是他决定"收服"朝鲜。

他派了朝鲜对面的对马岛主宗义去处理，要朝鲜到日本"朝贡"。宗义派了一个傲慢的武将，一路横行，到处得罪人，失败以归。1588 年，丰臣秀吉二度派人入朝，第二封信写得更"自我感觉良好"。

> "……慈母梦日轮入怀中，相士曰，日光所及，无不照临，壮年必八表闻仁声，四海蒙威名者，何其疑乎？依此奇异作，敌心自然摧灭，战必胜，攻必取……人生一世，不满百龄焉，郁郁久居此乎……欲一超直入大明国，……贵国先驱入朝，余愿只愿显佳名于三国而已。"[1]

丰臣秀吉的意思，我妈妈怀我的时候，梦见太阳进入她的怀中，生下我。相士说，这人就像日光所及，无不照临，壮年必定会声闻八方，威扬四海，如果打仗，敌心自动摧毁，必定会打败你，只要你来朝贡，乖乖称臣，借道让我长

---

[1]〔加〕塞缪尔·霍利（Samuel Hawley）：《壬辰战争》，方宇译，民主与建设出版社，2019 年。

驱直入大明国。至于我，我只是要扬名三国而已。

这样的口气当然不被接受。但朝鲜为了避免招惹强大的"邻国"，仍在 1590 年派特使黄允吉、金诚一一行去日本送交国书，以示"邻好"之意。想不到，丰臣秀吉在召见他们的时候，却玩了一个大出外交礼节的手法。

依朝鲜接见外国使臣的仪节，国王会准备大量美酒佳肴，盛宴款待贵宾。但秀吉却身穿黑袍，头戴乌纱，像"猴子一般"瘦小的身体坐在那里，皮肤黝黑像个农民，唯有目光"闪闪射人"。朝鲜使节奉上国书，向日本国王表达"邻好"之意。但秀吉却理都不理。款待他们吃的，只是大家轮流吃一盘糯米饼，然后轮流喝一壶日本清酒。

根据朝鲜使节后来写的报告记载，使节正在茫然之际，秀吉转身入内，换了一身日常服饰，手上却抱了一个婴儿，前一年出生的鹤松[1]。秀吉抱着孩子在大厅走来走去，旁若无人地逗着玩，然后走到乐工那里，命令他们奏乐。

此时孩子突然撒了一泡尿，尿在秀吉身上。他得意地哈哈大笑，叫仆人进来把孩子抱走，发现衣服脏了，他转身入内，所有日本人向他叩首。就这样离开了，再没有回来。使节会面，至此结束。

朝鲜人不知秀吉在玩什么花样，有一种被蔑视对待的感

---

[1] 作者注：依年纪看，应该是和小妾茶茶生的小儿子，后来托付给了德川家康当义子，但在丰臣秀吉死后的政治斗争中，茶茶一派被德川打败，茶茶和儿子一起自杀。

觉。他们根本不知道丰臣秀吉认为他们只是属国来朝贡，这样的对待是上对下的态度。也或许这些印象，在回国后的报告中，使节金诚一认为丰臣秀吉的举止滑稽无礼，根本不构成威胁，何况他的官位也不过是关白，不是天皇。他们完全不了解日本的实际情况，更不用说军事实力。这个使节团任务确实是失败的。

但更麻烦的是秀吉的属下没人敢说出朝鲜使节并不是作为藩属国而来，而是来通"邻国"的友谊。结果导致秀吉得意扬扬，认为朝鲜已经"遣使来朝"。

身形如猴，目光闪闪的秀吉，这几年正沉迷于征服世界的美梦，他称之为"国书开疆"。他不仅写信给朝鲜，也写信给琉球、台湾的"高山国"、马尼拉的西班牙总督，以及印度等，告诉所有人，他生来拥有"慈母梦日轮"的伟大天命，快来朝贡，否则我无敌大军就来征服你。

西班牙总督倒是很妙，派了一个名叫高母羡（Joan Cobo）的传教士带着书信和地球仪到日本，把西班牙当时在地球上的领地指给丰臣秀吉看。当时西班牙正当强盛，领地遍布欧洲和美洲，算是世界上第一个"日不落帝国"，地球仪上标示着汉字，秀吉看得懂，很感兴趣。西班牙有意让他看看西班牙在世界上的领地有多辽阔，相较之下，日本只是地球仪上一个偏远的小点。

不过，没人知道秀吉的心里想的是"天外有天"，地球上还有强国至此；还是认为他也可以征服天下，甚至征服西班牙。

1592年，秀吉从全日本各地动员了三十三万五千人的军队，十万人被部署在因总动员而防卫薄弱之处，其他二十三万三千人被召集到名护屋，这里是进攻朝鲜的训练大本营。此时，各大名已经失去军队，各大军都被秀吉调走了。这或许才是秀吉的一石两鸟之计。[1]

阅读至此，读者有没有感到非常眼熟？

丰臣秀吉"日光所及，无不照临，壮年必八表闻仁声，四海蒙威名"的中心思想，日本太小，却以大雄心想征服世界的野心，征服对象从朝鲜和中国进军，海路则向琉球、台湾、菲律宾、印度进军，整个"国疆开拓"，像不像明治时代的日本？或像20世纪30年代军国主义下的日本？

丰臣秀吉的思维方式，竟然浸透了整个日本四百多年的历史。由此可见他的影响力之深之远，不止于当代，更成为日本侵略东亚的战略。

回到1592年，日本派出的侵略大军共十五万八千八百人，其中战斗部队占一半，其余是后勤补给。而1543年从葡萄牙人开始引进的火绳枪（又称为铁炮）则估计有两万四千支。这些火绳枪队不需要像传统武士那样，花费大量的时间金钱，训练他们砍杀的战技，只要是农民渔民，召集来了，加以战斗训练，就很容易上战场。侵略军每次都是以火

---

[1]〔加〕塞缪尔·霍利（Samuel Hawley）：《壬辰战争》，方宇译，民主与建设出版社，2019年。

绳枪部队作先锋，用枪打乱敌军的阵容，迫使其后退，再由后面的长枪和刀剑队上去冲杀。

没有训练过枪战，也缺乏火绳枪队的朝鲜军队，被打得一路溃败，完全没有抵抗能力。

秀吉的意图是尽快打进汉城，占下汉城，作为进攻明朝的指挥中心，向北京前进。

朝鲜在毫无防备之下，被秀吉大军打得一败涂地。朝鲜国王逃到鸭绿江边，急忙向明朝求援。

无论如何，明朝是朝鲜的宗主国，得出来主持大局，更何况事关国防边界，非保住不可。这一点万历皇帝倒是清醒的。

明朝派武将李如松、文官宋应昌驰援。明朝的制度，一直是由文官节制武将，所以宋应昌带了许多参谋同行。后来到澎湖和荷兰人谈判的沈有容，当年就是在他的手下，但因为不满宋应昌听信道士鬼怪之说，愤而离开，才有后来的故事。

武将李如松带了四万三千精兵渡过鸭绿江，并且也带了从葡萄牙学习制造的重型大炮，一开始碰到小西行长，就把日军打败，死伤惨重。可惜李如松太勇敢，好出奇兵，误信日军弃城而走的传闻，派了孤军深入，结果孤军被反包围，再派人驰援，陷入苦战。解围后，明军内部又陷入"南兵、北兵"不和的矛盾，无法统一指挥。

明、日两军僵持对战了一年余，直到1593年11月，朝鲜凛冬将至，日军也僵持不下去，在明朝一位谈判代表沈惟敬与日军小西行长的斡旋下，利用中日文翻译的认知差距，达成一个仿真两可的协议，一边是让丰臣秀吉以为明朝已经答应他统治朝鲜的条件，另一边，明朝则反而认为是日本承认失败，愿意继续朝贡称臣而撤军。这是一个"超级翻译大骗局"，但两边都蒙混过去了。

然而，丰臣秀吉并未看到明朝来朝贡，于是决心再发动攻击。1597年二度进攻朝鲜。这一次，丰臣秀吉作了更全面的准备，从海军战船到陆军火炮、大炮，一应俱全。朝鲜被打得一路败退，只能又求助于明朝。最后是明朝派出海陆大军与朝鲜海军李舜臣合作，一起打败了日本海军。但日军持续增援，战斗继续。直到1598年8月丰臣秀吉突然病逝，日军才宣告撤退而结束。

战争是需要花大钱的。如果不能从战争的劫掠中赚到钱，所有的战争都没什么好处。明朝为了保护朝贡的属国朝鲜，付出沉重代价。然而，这一场战争不能不打，因为日本若攻占朝鲜，下一个目标就是以朝鲜为据点攻打北京。这是战略的必要。正如抗美援朝是一样的道理。此时的明朝万历皇帝虽然不上朝，但战略上并不昏庸。

万历年间，发生三大远征战役，分别是宁夏战役、朝鲜战役、播州战役。依据《明史》的统计，"宁夏用兵，费帑金二百余万。其冬，朝鲜用兵，首尾八年，费帑金七百余万。二十七年，播州用兵，又费帑金二三百万。三大征踵接，国用大匮"。明朝的税收本就不重，三大战役主要动用的是皇帝的内库。明朝财政分为皇室财政的内库，与国家财政两部分。内库，是指本属朝贡、特殊税收等的收入，专为皇室的建筑新屋、陵墓、赏赐官员、皇室婚丧喜庆等之用，而与国家财政的用途区分开来。但在战争中国家财政不足，所以就先从皇室内库借用，以后再由国家财政追还。

但皇帝的内库空虚，于是万历皇帝就想出了派宦官到各地去开银矿收税的办法。宦官什么专业都没有，有的宦官本是市井无赖，派他们到各地去开银矿，收盐矿、银矿的税金，简直是一场灾难。

这种收税宦官有一个专有名词，叫"税珰"。"珰"本是指挂在皇帝帽子前面的玉饰，后来变成对宦官（好像挂在皇帝前面的饰物）的称呼，颇有轻视之意。"税珰"意指皇帝专门派出到各地去课税的宦官。派到福建的高寀就是一个最典型的税珰。

10　税珰有多坏，你无法想象

　　高寀1599年被派来福建。他一到，带着皇上的诏令，立即招兵买马，准备大干一场。原本的巡抚与各地官员都是科举出身的知识分子，总是瞧不起不学无术的宦官，对高寀爱理不睬，所以他只能召集被罢黜的官员、逃犯、恶少、无业游民等，当作税吏打手，到处找人麻烦。[1]

　　为了立威，他先在繁华市集设关卡，把皇上的圣旨牌放在桌上，无论舟车、鸡猪都要课税。后来他发现，这种蝇头小利太不够意思，漳州海澄的大利在月港，于是亲自到船舶上去巡视收税。

　　海澄的县令叫龙国禄，个性梗直，不畏权势，规定部属不得被高寀驱使，要严守法令。高寀叫人去通报事情，那人驾了马车冲到官府，态度傲慢。龙县令马上把人抓起来，当庭鞭笞。

---

　　[1]高寀的事迹，内容引自张燮《东西洋考》一书中《税珰考》。本文引自《张燮集》，陈正统主编，中华书局，2015年。

高寀气得要向皇帝上疏弹劾他，手下有一个人说："这海澄很乱，到处是海商海盗，之所以还没有造反，是因为还有他在，如果他有危险，会激起民变，不如让他赖着吧。"高寀这才忍下一口气。但他每年都要到海澄，不仅在月港建了一座官署，还在船只进出的圭屿另设一个官署，专门收税。此外还在漳州城中和三都澳开了税府。拦下出入的船，上船看到什么奇珍异宝，喜欢的东西，就说是要献给皇上的，一律拿下再说。敢违逆的，就人船一起扣押没收。

万历三十年（1602），他规定所有回到港口的船只不许任何人上岸，必得交完税才能走。船舶排长龙在港口等交钱，等了好几天，有家归不得，有人等不及先回家，他竟把人抓去关。被抓的人太多，在路上相望，海商一个个气得哇哇叫。最后有人鼓噪起来，暗自计议要把他杀了，再杀他的随从，一起沉入海底喂鱼。杀了人的，大家出钱，让他们一起坐船出海，官府也抓不着。

高寀一听，吓得连夜逃走，再不敢来港口恶整。

既然皇帝鼓励宦官到地方上开矿，高寀就到福建的漳州、龙岩山区，先找风水好的漂亮墓地，宣布此地有矿，命人当场开挖。那些风水福地都是有钱人家的陵园墓地，生怕破坏风水，立即奉上大银，直到他满意了，才放过一马。他指挥徒众开了许多"墓矿"，却没一个有生产银矿，徒然浪费了公帑，赚饱了私囊。

1603 年，明朝皇帝无意中干了一件大悲剧，也是由高寀当主犯。

一个从菲律宾回中国的商人张嶷，向万历皇帝报告说，在吕宋岛的机易山（Cavite，即今日甲米地，在马尼拉湾，距离马尼拉城区不远），产有黄金，朝廷可派人去开采。朝中大臣意见不一，但是帮皇帝处理财库的宦官决定就近指派给高寀来具体处理。[1]

高寀兴冲冲派了海澄县丞王时和等三个人主事，带了一队人马，船一开，就去马尼拉。马尼拉的西班牙总督看到明朝来了官员，不敢招惹，行礼如仪，小心应付，不动声色，冷眼看他们在华商之间接受招待，大开筵席，招摇过市，横行无忌。但就是找不到金矿，最后只好知难而退，空手而回。

明朝官员的此种行径，让马尼拉的西班牙人非常不安。许多福建生意人和船员携家带眷，落脚在此，人数已经有两三万人，西班牙人不知道他们在议论什么，更担心万一明朝派兵来袭，想夺取马尼拉，这些华人里应外合，根本没法挡，于是在1603年10月3日，突击发动对华人的大屠杀。

大屠杀不分男女老少，持续了二十几天。张燮在《东西洋考》称，被杀的华人有两万五千人，仅三百人存活下来。而西班牙记载的幸存者更少，只有两百人。幸存的两百多名

---

[1]陈国栋：《马尼拉大屠杀与李旦出走日本的一个推测（1603—1607）》，《台湾文献》，2009年。

华人被生擒到马尼拉湾的排橹船（galley）[1] 上服役。西班牙人当然也趁火打劫，把所有华人的房屋、财产、船只等都没收了。

以此观之，高寀对福建之危害，绝对不只是贪污滥权、聚敛横行，光是这个事件就是他莫大的罪行。

那一场大屠杀的行动面太广，西班牙人自己的军队不够用，还调动了当时在马尼拉的一千多名日本人，和北方的菲律宾土著邦板牙人（Pampanga）参加，屠杀过程中，任其洗劫财物细软，包括金银珠宝、珍珠丝绸等。当然，最主要的财产仍为西班牙人所夺取。

福建一带的华商两万五千多人被屠杀，那是何等的大事。许多人都是亲人互相带引去经商，一些家族一次死去父、夫、兄弟等亲人，成为寡妇、孤女、孤儿的家庭因不堪打击，许多人相约自杀，竟成为文史记载的烈女传，那是何等的悲剧。泉州《安平志》曾记载大量死者名单，文中称之为"吕宋夷变"。

西班牙所未曾料到的，华人一旦离开，马尼拉的生意就完了。西班牙的"黄金航线"丧失了福建来的瓷器和丝绸，根本没有生意。这下才紧张起来，向明朝表示可以归还死者的财产，只要家属提出证明。西班牙想要借此重启生意。但

---

[1]排橹船（galley），又称"桨帆船"，是欧洲地中海古老的船种，以人力划船作为主要动力，能够只划桨前进，通常也用桅杆和帆作为次要的动力。排橹船通常使用在战争与贸易中。

死者已矣，更何况当时只有男人才可以上船，航行海外经商，如今男人已死，未曾去过马尼拉的家人如何去讨回物产呢？

马尼拉的生意自此一落千丈，要多年后才逐渐恢复过来。

马尼拉大屠杀之后，打劫完"圣·卡塔莉娜号"的荷兰人，兴冲冲来到东方想和中国做生意，也在东亚海域到处打劫，正巧碰上福建商人四散到东南亚各国的时机。所以荷兰可以遇见李锦、潘秀、郭震等，成为牵线引路人。

当李锦代表荷兰来贿赂高宷时，高宷问计于福建总兵朱文达说："这荷兰互市如果成了，大有利头。可海防这边意见不一致，你帮我想想办法。"

朱文达跟高宷交情不错，他儿子还是太监的干儿子，于是代为向边防官员说："红夷勇鸷绝伦，战器事事精利，整个福建的舟师加起来都打不过，不如允许互市。"高宷认为大事可成，很高兴地派遣周之范去通报荷兰，索取贿赂。

韦麻郎很大方，给了一些钱和礼物，派了九个荷兰通事一起回到省里等候同意的命令。

然而，事情却一直无法定案。潘秀被抓，风声日紧。高宷安抚韦麻郎说，北京福建之间，没那么容易，公文往返太遥远，时间要很长，要买通的人也很多，还需要花大钱。

而福建的巡抚、海防同知、官员也没闲着。他们知道此门一开，等于把福建门户放给荷兰人控制，荷兰人船坚炮利，明朝水师打不过，福建的商船进出全部控制在荷兰人手上。这是不能容忍的。他们更知道，荷兰早已花了大钱买通高寀，潘秀、林玉早已说出此事。

福建官员认为事不宜迟，发动各路官员，赶紧上疏给皇帝，力陈不可允许荷兰开港互市，更力劝朝臣，一定要阻止皇帝采纳高寀的上疏。然而，谁也不知道，那个不上朝、天天抽鸦片的万历皇帝，最后会做什么决定。

当然，最有效的办法即是在皇帝下决定前，就先把荷兰人赶走。就算皇帝的命令下来，也来不及了。这才是一了百了的最好办法。

但在和战之间，福建官员分两派，踌躇不定。和的一派是和高寀同一阵营的官员如朱文达，认为战争不可能取胜，不如开放给荷兰人"互市"，而且有澳门前例可循，跟着走就好。

然而，福建巡抚徐学聚便指出："若以此岛（即澎湖）与番（即荷兰人）市，倭（人）必不甘心；番必结连倭夷为并力盘据之计，据地取水，伺潮结聚；是我自撤其藩篱矣，胡不以香山澳观也！……若番船泊彭湖，距东番、小琉球不远；二千里之海滨、二千里之轻艘，无一人一处不可自赍货以往，何能勾摄之！渔船、小艇亡命之徒，刀铁、硝黄违禁之物，何所不售！洋船可不遣、海防可不设，而海澄无事关矣；不能关，何能税！即故税立尽，有司取何赋以给税！中贵（即税监高寀）取何税以报命哉！非所利于国也。"[1]

徐学聚认为，荷兰如果盘踞澎湖，让它变成第二个澳门，则倭寇、海商、海盗都会在这里集结，和荷兰人做生意，甚至远近的岛屿，台湾、小琉球等地的海商、海盗都会来澎湖，到时候，连泉州、漳州大大小小的船只都可以出海在澎湖交易，什么违禁品都可以在澎湖买卖，那海澄月港，这个明朝唯一对外开放的港口，会失去作用，所有海商再也不必在月港做生意了。不能拥有海关，放任大家去澎湖交易，明朝能抽什么税？不能抽税，这个奉命来抽税的高寀，要怎么对皇帝交代？这绝对是对明朝不利的。

这一段话非常重要，乃是因为它涉及明朝官员徐学聚的认知。无论从海防、海关、商业、国际贸易、国内税收等各方面来看，一点都没有错。明朝官员在处理国际事务上，还是有学识、有能力的。

更有官员说："养门庭之巨寇，为腹心之隐忧；因红番（即荷兰人）而祸闽省、因闽省而祸中原，此臣等万万不敢轻徇者也。"主张非将其驱逐不可。这是上纲到福建不保，

[1]徐学聚：《初报红毛番疏》，引自台湾银行经济研究室，《明经世文编选录》，台湾银行，1971年，第191—192页。徐学聚，原职为福建左布政使，以右佥都御史巡抚福建，万历三十二至三十五年任。万历三十五年时，徐被南京给事中、监察御史等官，纠劾冒滥京堂，奉命回籍听用。

中原有祸的高度了。

此时荷兰派出翻译人员林玉正在泉州四处活动，想要做成此事。这正好让福建巡抚找到把柄，立即把林玉抓起来下狱。并且叫其他中介如李锦、潘秀这些人去澎湖警告荷兰人："仰藉圣天子威灵，余皇鳞集，卒乘竞奋，必不玩愒，旦夕遗将来疆圉，忧顾朝廷方用止戈为武，不杀为威。若其亟引去，毋贻后悔。"[1]

然而他们早已拿了荷兰人的好处，还保证可以在澎湖互市，如今反说办不成，根本开不了口，就只好骗荷兰人说：明朝内部矛盾很大，两派意见还在争执不下，没有做成最后决定。

福建当局为了表示决心，曾先后四度差海商赴澎湖去传话给荷兰人。但他们都阳奉阴违，知道荷兰人做生意很大方，都带上"币帛瓜酒"，当作礼物送荷兰人。荷兰人要做好关系，也给予"厚偿"，劝都没劝上一句，就宾主尽欢而回。漳泉一带海滨的居民更有人带了本地商品去买卖，赚了一些钱。澎湖的贸易就更加兴盛了。

看着漳泉人来做生意，荷兰人也高兴，更加不肯离开了。对那些去劝谕的人，完全不当一回事。

所以韦麻郎"愈肆鸱张"，把军门在澎湖的告示牌都拆毁了。

---

[1]黄凤翔：《田亭草》，北京出版社，2000年，卷6，《贺大参沈大若公晋长闽臬序》，第14页。

到了这个地步，福建官方就非要用强迫手段不可了。徐学聚巡抚和参将施德政找了许多福建的官员来商讨：若非战不可，怎么战？谁去战？有多少战力可用？明朝水师有能力取得胜利吗？

对荷兰船的战力，每一个福建官员都一清二楚。福建水师绝对不是荷兰的对手。如果出战却打一个大败仗，徐巡抚大概要准备下台了。就算不下台，也会被高寀给皇帝的上疏弹劾得很难堪。

正在踌躇不定之间，有人建议：听说浯屿把总沈有容有谋有断，敢战能战，为什么不找他来想想办法？

沈有容是浯屿水寨的钦依把总，他个性刚毅，战略思路清晰。他答复出乎大家意外："彼来求市，非为寇也，奈何剿之？剿而得胜，徒杀无罪，不足明中国广大；不胜，则轻罢百姓力，贻朝廷羞，不如谕之。第令无所得利，徐当自去也。"[1]

沈有容是很接地气的人。他了解福建海商渔民喜欢和荷兰人交易，也了解荷兰的意图，因此提出的策略是：荷兰既然是来求市，想要的是利益，不是来当海盗，何必去围剿？如果围剿得胜，徒然杀害一些无辜的人，我们也损伤士兵，更不足以让他们明白中国之广大；如果不能取胜，浪费百姓资源，朝廷更是丢脸。不如，我们用劝谕的。荷兰人既然是

---

[1]见李光缙《却西番记》，出自《闽海赠言》。

求利而来，让他们无法得利，就会知难而退。

　　然而，谈判是需要实力的。沈有容必须要展现实力。所以他调动了浯屿水寨的士兵之外，还额外调动澎湖水师及周边的船舰，一共带着五十艘军船和三千名士兵同行。

　　为了便于谈判的进行，沈有容提出一个额外的要求：把荷兰翻译林玉给释放出来，让他带着去跟荷兰人交涉。林玉既然是荷兰派出的翻译，把他释放，等于是向荷兰释出善意。林玉作为传信人，更容易得到荷兰人的信任，也可以帮沈有容说话，让他当内线，谈判就容易多了。

　　1604 年 11 月 17 日，沈有容船队从泉州出发，浩浩荡荡，走了两天一夜，终于到达澎湖。

　　11 月 18 日，站在克拉克大船上的韦麻郎，远远望见沈有容的水师慢慢驶来，感到很困惑。高寀的特使周之范前几天才来到澎湖。他说高寀已经做好关系，要派人到北京去买通关节，送公文办事，这需要用到大钱，所以要韦麻郎先支付两万两白银。

　　韦麻郎不知道该不该相信高寀。

　　因为，他派出去的人都被福建巡抚抓了，事情似乎不如预期的顺利。但高寀又保证说，只要皇帝同意荷兰互市，这些人都会无罪释放。所以，动作要快，赶快买通皇帝身边的宦官高层，让这些巡抚要反应都来不及。

　　韦麻郎没办法，前金已付，事情开了头，不做到底也不行。

可偏偏不巧，正要付出白银的当口，明朝水师在海上出现。

韦麻郎把他的副司令官叫出来，指示道："把周之范找来，问他这是怎么一回事。不是说好要让皇帝同意通商吗？怎么派大军来了。"

韦麻郎也不是初出茅庐的小兵。他安排的各路人马在泉州、漳州打听消息。有人回报说，明朝准备要派出浯屿水师把总沈有容，这个水师把总跟其他官员不一样，曾经穿越恶海大浪，到台湾追击海盗；辽东战役时，他甚至敢自己骑在马上，冲在前线，去和北方的满族人作战。这是一个勇猛敢战的将军。

然而，韦麻郎也是见过大风大浪的海上将军，敢穿过万里波涛，攻打葡萄牙人的海军将领，自有过人的勇气。

他抚着腰间的西洋剑，等待这个仗着中国剑的沈把总的到来。

沈有容，到底一个什么样的人呢？

11 侠客将军沈有容

　　沈有容带着五十艘戎克船和三千多个士兵，浩浩荡荡从泉州浯屿水寨有备而来。他在船上准备了礼物，也准备了枪炮，五十艘军船上的士兵都是他精心训练过的水师，不是一般的士兵，战斗力非常坚强。

　　沈有容之所以在福建非常有名，与一年多前（1603）他带兵出征台湾打垮倭寇的赫赫战功有关。

　　沈有容是一个有谋略、有胆识、有实践力的游侠型人物。他自己武功就不错，能骑马射箭，上阵挥刀，先在蓟辽总督李成梁（也就是朝鲜战役对抗丰臣秀吉大军的李如松的父亲）麾下，担任前线作战任务，打得几次胜仗，也负过伤，得过赏金。他生性任侠，带着赏金回到京城，报答昔日有恩有义的人，救助穷困有难的朋友，颇有千金散尽还复来的气概，赢得任侠古风的声名。[1]

---

[1]参见沈有容自传稿《仗剑录》，载于姚永森《明季保台英雄沈有容及新发现的〈洪林沈氏宗谱〉》，《台湾研究集刊》，1986年第4期，第89页。

万历二十年（1592），丰臣秀吉派兵攻打朝鲜时，明朝派军队援助，他随着经略宋应昌去朝鲜打仗。却不料宋应昌竟听信一个叫张元阳的术士的话，声称可以做法指挥神兵，上战场必胜。耿直的沈有容听不下这种鬼话，嗤之以鼻，不料此举引起术士和宋应昌的不满。[1] 他自知个性耿直，不宜久留，赶紧告病返家，陪伴母亲过了三年平安的岁月。

前面说过，丰臣秀吉在攻打朝鲜的同时，野心勃发，1593 年派遣使臣原田孙七郎去菲律宾，劝告西班牙总督向其纳贡，还训令原田在经过台湾的时候，向台湾的"高山国王"下令，前往日本进贡。然而，那时台湾还处于部落社会，尚未出现一个首领，根本没有交信的对象。而西班牙则派人去嘲笑了他的渺小无知。

丰臣秀吉的这些举动，在中日贸易频繁的华人商圈里，很快传开来。福建巡抚迅速知道丰臣秀吉已经在打澎湖、台湾的主意。台湾太远，管理不及，但澎湖是防汛要地，许多漳泉福建人定居生活，做生意捕鱼，而且澎湖位在福建的"家门口"，因此有必要加派军队去巡防。

正是在这个背景下，福建巡抚许孚远曾建议，在澎湖、海坛、南日等岛，"设将屯兵，筑城置营，且耕且守，据海洋之要害，断诸夷之往来，则尤为长驾远驭之策。但澎湖去

---

[1]参见沈有容自传稿《仗剑录》："经略宋桐移治（咨）制台，取往朝鲜，补本部院中军。因经略馆信术士张元阳，谓能驱使神兵，容笑之，以此失宋意，听容告病归田。"

内地稍远，见无民居，未易轻议，须待海坛经理已有成效，然后次第查议而行之。"意即在澎湖不只要防汛，还要筑城，设置军营，耕守并行，进行屯田。

很显然，澎湖的战略地位得到提升，设置海防部队被提上了日程。但因战争来年暂时结束，防卫之事也就搁置了。

1597 年，丰臣秀吉第二度进犯朝鲜。这一次派出更多的军队和后勤。此时的福建巡抚是金学曾，是一个知人善任、懂得判断局势的官员，既然知道丰臣秀吉可能声东击西，来犯澎湖、台湾，就不能不准备。因此他特地去聘请沈有容来担任福建沿海的海防工作。

沈有容起初担任海坛的游兵把总，任上曾与堂兄沈有严（当时任福州通判）一起巡防海上，也曾带队单船出海，去突击海盗，抓捕了一个海盗头子。金学曾还想让他去日本当间谍，打探"关白"丰臣秀吉的真实意图及其军事实力。沈有容拿了钱，叫他朋友去买船，准备载一船丝绸商品，假装成商人东渡日本，进行间谍活动。但最后因朝鲜战争结束而放弃计划。一般来说，事情没办成，就会不了了之。但沈有容还向他的朋友要回原金，还给官方，这害得他的朋友破财不少。[1] 这显示出他是一个利落干净、清清爽爽的人。

---

[1]参见沈有容自传稿《仗剑录》："次日补海坛把总，防海一汛，欲差往日本，探关白情形，扮商以往，授容千金。容辞金以付同往者刘思，后不果往，追还原金，思因是破家。金公亦因是知容，稍加重焉。"

真正让沈有容一战成名的，却是1603年初，突击台湾的那一场海盗追击战。

这一群倭盗一共有七艘船，横行广东、福建、江浙已经一段时间了，可是其间沿海的水寨、游兵、军卫、守御千户所等，竟然没有人出面攻打。

事实上，明朝水师也不想多追捕。原因很简单，抓到了海盗没有特别奖赏，打输了，还要负担责任。死伤的是自己的性命，升官的却是别人。所以明朝官民都很清楚，能避就避。明明倭寇只是一小撮人，所到之处却所向披靡，原因就在于官兵的懦弱，看到海盗来了就先躲起来，任由他们劫掠，等海盗走了，再出来假装追捕。如果有落单的海盗，抓到三两个，就往上谎报大获全胜去领功。

明朝水师在海上碰到了海盗也尽量避开不打。说白了，这些海盗本身就是穷苦人家，他们敢亡命也是不得已。而水师的士兵也多是穷人家的小孩，想到家有老母妻小，就打不下去了。所以往往等到海上出现狂风巨浪，有些海盗遇上船难，被困在某些岛礁上，明朝水师再出动去抓几个，回来报赏。[1]

一小群七八百、上千人的海盗，就足以兴风作浪，出没劫掠，实在是明朝水师太没出息。准此以观，西班牙对大明军队的轻视判断也没错。

------

[1]见《闽海赠言》，《舟师客问陈第》。

1602年9月，这一伙倭盗有七八百人（实际上是中国的海盗居多，所结合的日本海盗只是少数），从浙江南部流窜到福州的万安，攻城焚船，再去抢劫农村，如入无人之境。后来倭盗听闻沈有容已经在整备兵船，要前往剿讨，才赶紧从乌坵逃到澎湖，再从澎湖逃到台湾。再以台湾为基地，出海打劫。让沿海的渔民、商船深以为苦。

由于明朝水师对台湾海岸地形不熟，往往追到台湾的外海，看到海边的沙洲水浅，地形飘浮不定，船容易在退潮时搁浅，就不敢再追了。海盗因为船小，懂得地形，进入港湾，逃过追捕。

然而，这一回他们没料到遇上沈有容。

沈有容认为朱运昌"以国士待我，当以国上报之"，是以准备全力剿讨。

此时的台湾已有非常多的福建渔民、商人居住，他们向台湾平埔人购买生活用品，如鹿肉、鹿皮、山猪肉、藤条等山产，出售给福建、日本船商。而日本刚结束战国时期，武士阶级非常喜欢鹿皮，用来当作武士的背心。一方面作为装饰，显得勇武，一方面鹿皮韧性厚一些，有保护的作用。台湾鹿皮相当受日本的欢迎。因此海盗都喜欢台湾。既有淡水食物的补给，又有海上商品可以买卖。沈有容受命追剿，其实是一个艰难的任务。

沈有容并不急于行动，他派出几个渔商，先到台湾去探听。此时已经是深秋，天气转冷，渔商向当地的平埔人打听清楚地形地貌，海盗藏身的地方。海盗抢掠了平埔人和福建渔民的财产，还暴力相向，让他们苦不堪言，于是竞相暗报消息。

由此可知，这是一群不上道的海盗。俗语说："兔子不吃窝边草，土匪不抢家乡人。"在自己要长住的窝边打劫，不是自断生路吗？

此时沈有容正冒着秋冬寒风，在福建海边悄悄练兵。为了不让士兵惊慌，他并不说要出海追剿海盗，只说是正常训练。从秋天练到冬天，他买火药、练士兵，买船，买补给，做好一切准备。等到渔民打听的消息明确传来，他才决定出征。

此时已经是农历十二月十一日（1603 年元月），快过农历年了。寒冬腊月，海风奇冷，浪高水急，渔民船商大多避冬不出，这时要带大军出征，真是要命的任务。

士兵和船工都抗命说："如果要出海，非要有抚台大人的檄文不可。否则我们不出去。"

沈有容仗剑大声说："谁敢说我不是奉抚台的命令出兵？你们不知道我有他的密札吗？谁敢抗命，立刻斩杀。"兵将立时沉默下来，听命出发。

沈有容带着二十四艘船，航向大海，往大员、魍港方向出发。船到半途，日暮黄昏，沈有容站在船楼高处看去，只见天空中一大片乌云罩天，迅速飘来。他心知起风，海象不妙，却不敢说。天黑以后，突然刮起大风，涌起巨浪，舰队在暗黑天地间，被海浪打散，彼此不知生死。沈有容的船很幸运，泊入澎湖南边的小港湾，稍作喘息。过不久，有数艘船也被飘过来，等天亮，他一算，只剩下十艘船，损失惨重。但沈有容一无所惧，他想倭盗有七艘，还可一搏。便说："有这几艘船，破倭盗足够矣！"

随后他们进入澎湖湾，停留补给，再从澎湖出发。过了一日一夜，才到达台湾。倭盗绝未料到寒冬腊月，沈有容竟然敢冒生命危险来追剿，来不及准备，一哄而散，大败而逃，一边逃一边丢弃劫得的财物，放火烧船，想借此拖延士兵的追捕。但沈有容军训练有素，直接击垮海盗。[1]

从史册记载看，沈有容是从福建转澎湖，跨海进击台湾的第一人。此后，荷兰、郑成功、施琅、法国、日本等，从澎湖转进台湾的战略，便一再上演。

击垮海盗之后，沈有容做了一件出格的事。他将从海盗捕获的财物，包括金银、布、苏木、鹿皮、鹿肉、米、麻、乌鱼等，收集起来，全部分与士兵。有人就质疑他为什么敢这么做，这些不是该上交吗？

沈有容回答说："士兵寒冬腊月舍命作战，你以为他们不要命，难道是因为忠孝吗？人性贪利，他们正是为了奖赏而来，你怎么可以在亡命杀敌后，夺他们钱财，伤他们的心？给他们是应该的，否则谁来为你卖命？"

---

[1]《闽海赠言》,《平东番记》屠隆。

  谁也没有话说，因为沈有容自己分文不取。这种大侠大度的风范，赢得手下将士的敬重，他的士兵向心力强，以善战敢战而闻名。虽然有人弹劾，他却认为，带人带心，穷苦人家出来打仗，就是为了讨生活，金钱奖赏才是最好的鼓励。敢给，才能敢战。

12　震撼的"船大如城"

带着这一群敢战善战的水师，沈有容奉命来澎湖驱除荷兰人。

船逐渐靠近澎湖时，天色已近黄昏。沈有容命令船队停靠在距离荷兰三艘船不远的海边。五十艘船排成庞大的阵形。

刚到岸边，就有属下来报告，周之范已经来到澎湖好几天了，向韦麻郎要大笔的银子，据说有两万两，准备回去交给高宷。

沈有容一听大惊，这是一笔大钱。如果荷兰人给了钱，一定不甘心损失，那就更不愿意离去了，非要占领澎湖当贸易港不可，必须及时阻止。他立即下令士兵控制海港，看守船只，尤其不许周之范的船离开，也绝对不能让他偷偷溜走了。

他同时下令，看紧澎湖海岸，放话出去，不许福建商船再来这里靠岸和荷兰人交易，以此阻绝荷兰人的利益。这个

111

命令，很快传达给所有在澎湖的商家渔船。大家都知道，朝廷管事的人来了。

事实也是如此，澎湖本来就是明朝的领土，只是荷兰来时无人巡防，一时成为无政府状态。现在朝廷水师重归，当家的人回来了。

沈有容让士兵沿岸驻守，以武力把局面先稳住。但对荷兰人，则出乎意料地以礼相待。

隔天一早，沈有容就派出荷兰翻译林玉坐着小船，先去和荷兰人交涉，告知沈有容希望来拜会韦麻郎，直接会谈。

荷兰人看到林玉被释放回来，非常高兴。他们相信这是沈有容释放善意的表示，于是拼命向林玉打听福建官方的态度。

林玉将自己被捕的经过叙述了一次，并强调，这一次如果不是沈有容，他可能还在狱中，像潘秀就以"勾引罪"被关了起来，这可是一条死罪。而参将施德政、巡抚徐学聚等人则受命不允许荷兰人据有澎湖，必须离开。至于高寀，他确实是皇帝身边太监集团的一员，但太监不能直接管理国政，地方行政事务，港口、领土、经济、军事、防守、税收等，还是要靠正式的官员来管理。所以高寀只能管理一部分银税、矿税，宦官虽然接近皇帝，但他与官员之间，确实存在严重矛盾。他称赞沈有容的诚恳守信，敢于承担，因此是一个可以打交道的人。

韦麻郎于是决定邀请沈有容来荷兰的船上相会。他想让他看看荷兰船的壮盛强大，明朝根本不是对手，希望用这种方式，让沈有容心生畏怯，不敢作战，自动屈服。

沈有容先命人把高寀的使者周之范找来，正色告诉他：荷兰想占领澎湖，长期作为互市的构想是行不通的。战略上，不仅福建海防洞开，海外的倭寇、海盗会把澎湖当交易基地，泉州、漳州的海商会转头到澎湖交易，月港海关收不到钱，月港怎么经营？福建若收不到税，怎么对皇帝交代？更何况，荷兰人如果给了这么一大笔钱而办不成事，一定会用大炮加军舰来报复攻打，要求你兑现诺言，事情闹大起来，高寀要负责，到时候，那些朝中太监为了保护他，把责任往下一推，你是居中联络的人，一定会代他背责任，到时，被杀头的人，你跑得掉吗？

周之范听得一身冷汗，承认沈有容说得有理。他知道这一大笔钱，绝对不能吞下去。

在林玉作为翻译的陪同下，沈有容乘坐一条渔船驶向荷兰大船。

虽然知道荷兰船很大，沈有容却是靠近了才真正体会到“船大如城”。不成比例的小渔船在靠近大船的时候，一抬头，只见巨大的炮孔从船的侧腹伸出，一侧共有十来个炮孔。这种大炮如果用来打仗，以明朝水师的配备，实在很难抵挡。

虽然荷兰大船的气势惊人，但沈有容神情镇定，从船边的斜梯走上去，韦麻郎在船上等待。[1]

　　韦麻郎很客气地为他奉上礼宾酒，表达欢迎之意，并表示为了迎接贵宾，特地安排酒食，请他务必留下进餐。韦麻郎随即带着沈有容参观这一条大船。这大船分三层，甲板一层，中间有船员工作起居的地方，也有储藏货物的下层。而在船的两侧，则开了十几个炮孔。沈有容特别注意到，大炮要双手合围才能抱住，约有两米长的大炮，要有多大的炮弹才打得动呢？[2]

　　韦麻郎毫无迟疑，就叫士兵作操练示范给他看。

　　士兵打开大炮对外的窗户，那大炮虽然重，但有一条轨道，

――――――――――――

　　[1]沈有容在其自传稿《仗剑录》中，曾有如下的说明：甲辰（即万历三十二年）七月十三日，红夷（即荷兰人）韦麻郎、栗葛等听高案勾引，以千人驾舰索市于彭湖，遣通事林玉入贿（高）案。当事者以林玉下狱，而差官谕（韦）麻郎者四。（韦）麻郎愈肆鸥张，至毁军门牌示。（抚、按）两台乃议以容（即沈有容）往。容请贷林玉，欲用为内间，遂与至彭湖。容先驾渔艇，见（高）案所差之官周之范，折其舌，直抵（韦）麻郎船。船高大如城，铳大合围，弹子重二十余斤，一施放，山海皆震。容直容镇定，坐谭之间，夷进酒食，言及互市。委曲开譬利害，而林玉从旁助之，（红）夷始慑，俯首求去。行时，馈容方物，收其鸟铳并火铁弹而却其余，即图容象（误字，应"像"）以去。

　　[2]张燮《东西洋考》卷六，《红毛番》："或谓和兰长技惟舟与铳耳。舟长三十丈，横广五六丈，板厚二尺余，鳞次相衔，树五桅。舶上以铁为纲，外漆打马油，光莹可鉴。舟设三层，旁凿小窗，各置铜铳其中。每铳张机，临放推由窗门以出，放毕自退，不假人力。桅之下置大铳，长二丈余，中虚如四尺车轮，云发此可洞裂石城，震数十里。敌迫我时，烈此自沉，不能为虏也。"

所以很容易前推出去，填上炮弹，那一颗铁制炮弹至少有二十几斤重，一打出去，轰然一声，有如雷鸣，声音大得吓人，那威力更在海面激起数丈浪花，山海都为之震动。

沈有容在后来的回忆录中说："船高大如城，铳大合围，弹子重二十余斤，一施放，山海皆震。"

然而他毕竟是在前线打过仗、见过世面的人，深知在敌人面前不能有一丝一毫的惧色，仍从容笑着，称赞武器的精良高明。

韦麻郎随即请他入内共饮。席间，沈有容直言："以中国朝廷的规矩，断不容许你逼得这么近，在这里建互市港口，那些说可以在这里互市的人，实在是骗你的。四海大矣，何处不可以讨生活？"[1]

韦麻郎表示，这只是你的看法，事实上只要有办法，通过皇帝的诏令，便可以得到许可。他明言，高寀已经答应帮

[1]张燮《东西洋考》卷六，《红毛番》："而寀珰者，已遣亲信周之范驰诣海上，与夷订盟，以三万金为中贵人寿。贵人从中持之。盟已就，会南路总兵施德政遣材官沈有容将兵往谕。沈多才略，论说锋起，从容谓夷曰：'中国断不容远人实僧处此，有诳汝逗留者，郎是愚尔。四海大矣，何处不可生活。'嗣又闻当使在此，更曰：'堂堂中国，岂乏金钱巨万万。尔为鼠辈所诳，钱既不返，市又不成，悔之何及！'麻郎见沈豪情爽气，欢曰：'从来不闻此言！'旁众露刃相语曰：'中国兵船到此，想似要与我等相杀。就与相杀何如？'沈厉声曰：'中国甚惯杀贼，第尔等既说为商，故尔优容。尔何言战斗，想是元怀作反之意。尔未睹天朝兵威耶？'夷语塞。又心悔恐为之范所卖，乃呼之范索所饷金钱归，只以哆啰嗹、玻璃器及夷刀、夷酒遣珰，将乞市夷文代奏。"

他的忙。

沈有容说:"你可能不了解中国,被奸民给骗了。要知道,天朝的体统是非常严明的。福建的地方制度,上面有巡抚、巡按两台,中间有藩、泉诸司,对外有将领,郡县有数百执事,纲纪严明,互相承接。你要跟福建互市,这么大的事,谁敢下决定,主其事?你是通晓事务的大商人,难道不了解这个吗?"[1]

韦麻郎不悦地直接说:"我们已经买通了宦官高寀,他的代表周之范正在澎湖,来要了两万两白银,怎么可能不通过?"

沈有容劝他说:"堂堂中国,金钱巨万万,哪里会缺少这几万两呢?你被鼠辈骗了,到时候给出去的钱,要不回来,互市又不成,一定会后悔不及。"

韦麻郎见沈有容把话说到点子上,个性直爽,不禁有些相信了,但心里有气,便回说:"你说的,确实吗?我可从来没听过这种说法。"

他旁边的副官和卫兵听到此言,也拔出兵器呛道:"中国兵船大队开到这里来,好像要跟我们相杀,要杀就来杀吧,我们没有在怕的!"

----

[1]见《闽海赠言》陈学伊著《谕西夷记》:"麻郎德将军释其通事,抵将军谢。将军对所差使扬言于郎曰:'若辈夙不通中国,兹非误听奸民诱来耶?天朝体统甚肃,上有抚、按二台,中有藩、泉诸司,外有将领、郡邑百执事,纲纪相承,凡事非商定不敢以闻。若欲求互市于闽,互市事至巨,孰敢主之?若等皆良商,独不识此乎?'"

沈有容并不畏惧，厉声说："中国也不是没有打过仗，要打便打，没有在怕的。只是因为你们说是来经商的，所以优容你们做一点生意。现在你们怎么反而说要战斗了？既然原来就存心作反，难道就没看过天朝的兵威吗？"

韦麻郎旁边有军官说道："我们的船高大坚固，我们的炮火力强大，你们这些小船根本不是对手。"

沈有容回道："你们的船再大，也只有三艘，我们可以用兵船将你们包围起来，即使你们想突破，我们依然有无数的船可以补上，战斗真打起来，谁胜谁负，还在未定之天。但打得久了，你们火炮用完，而我们的兵船可以不断地补上，你还要怎么打下去？"

韦麻郎和其他军官为之语塞了。

他开始担心交恶后果无法收拾，又怕给出去的两万两白银被高寀私吞了，赶紧派人找周之范要回两万两白银，为了安抚，他还是送了一些玻璃器物、夷刀、洋酒，让周之范带回去，送给高寀当礼物，只请他先代为上奏朝廷，有结果再说。

沈有容一方面把三千人水师驻扎在澎湖，盯着荷兰的动向，让泉州、漳州来的船商无法在这里互市交易，让荷兰无利可图；另一方面，施德政也做好战事准备，严守要害，厉兵拭甲，随时准备调遣。凡是兵民从海外来者，一钱不得带身上。挟带钱财者法办。这就让荷兰的商业之路断了线。同时，施德政也放话说，虽然红夷大船很大，但中国准备作火攻。火攻是以小博大的战略，再大的船都有所顾忌。

在几方围堵下，生意不能做，补给渐渐少，而沈有容的军队还在澎湖盯得紧紧的，韦麻郎坐困愁城，只有等待高寀的消息，备感为难。[1]

事实上，沈有容曾给韦麻郎建议，只要离开澎湖，去附近的小岛都可以，明朝就可以和他合法地做生意。韦麻郎向沈有容借了两三条较小型的戎克船，到澎湖附近海域去找，其中就有台湾的大员（台南）、淡水等地，却没有找到水够深，像澎湖这样，可以让荷兰大船停泊的港口。韦麻郎也毫无办法。

韦麻郎在旅行记中，亦曾针对此一事件做过描述，写道：

> （公元 1604 年）10 月 20 日（即万历三十二年九月二十八日）终于有州之 Capado（即高寀）之使者 Tsi-appe（即高寀亲信周之范）到来，促请自船上派遣数名

---

[1] 见《闽海赠言》陈学伊著《谕西夷记》："将军居既久，察麻郎无行意，即集诸卒长谋曰：'此夷徘徊，必有居间者，试张帆为归计餂之。'郎见之，果以一艇谒将军曰：'郎辈唯将军命，奈之何遽去？'将军诧之，曰：'若初至，两台业已檄舟师剿若，我力争若皆良商，故请释林玉，谕若归，讵意濡滞至今日。吾今行矣，不可以再见矣。'郎等顶礼堕泪曰：'极知将军有厚德，郎虽夷也，敢忘之乎？从今一惟将军命。'将军因以酒劳郎，竟日为欢，郎益喜。越二日，三夷舟俱解缆去。濒行时，携铳器及土产别谢将军，将军受其器，还其产。郎与诸部落向将军泣，至望将军不见，犹登尾楼以眺者。"

委员下来以展开通商之交涉。……然至11月18日（即闰九月二十七日）军门（即福建当局）所派遣之五十艘戎克船在名叫Touzij（都司）的队长（即沈有容）之指挥下满载将士而来传话说，若非得到皇帝之特别恩宠，不得在中国从事贸易。还有，先前被派遣至中国本土的镶金匠人Lampoan（即通事林玉）也随同该舰队一起归来，并报告说荷兰人渡海前来之事在中国引起大骚动，广东的葡萄牙人派了二名中国人花费大量金钱散布种种坏话，欲妨碍荷兰人贸易，不仅损及荷兰人，连中国商人也被牵连入狱的苦状。由于这五十艘船之到来，荷兰方面的委员终止了中国之行，Capado（指高案）之使者为了向主人报告澎湖之状况及请示今后之指示，也于同月23日（即十月三日）回到中国。其后，荷兰人从都（指沈有容）及其兵船之队长的口中得知，只要在中国的领域外选定适当的之岛屿，在该处大概就能取得想要之商品。于是荷兰人向都司借了二三艘戎克船及舵手赴东南、东南东，到高地探索适当之抛锚地，但无所发现，但因都司级官员屡屡强迫其离开，于是决定离去。"[1]

在明朝文化人的记录里，这一段交手的过程有较为详细

---

[1]引自中村孝志《关于沈有容谕退红毛番碑》，收入许贤瑶译《荷兰时付台湾史论文集》，第191页。

的描述，收录在《闽海赠言》里。

沈有容守紧澎湖，僵持了近一个月。他既堵住来做生意的福建船，也让荷兰无利可图，独不见韦麻郎离开的意思。他心知一定有内应，荷兰人还在等待回音，于是决定采取行动。他下令士兵开始整理船上绳索，把停驻在妈祖庙前的营房收起来，整理杂物上船，让五十艘帆船开始整队、拉帆、试风，一副准备启航的模样。

荷兰人看到心慌了。平时和平相处的部队，眼看着也近一个月，彼此都相安无事，怎么临时要走了，莫非情势有什么变化？

韦麻郎赶紧坐了小船来娘妈宫见沈有容，问道："怎么你们突然就要走了？"

沈有容面有难色说："我也是没办法的。当初巡抚说要发兵来攻，都准备了，我劝说他们，荷兰人来此只是要做生意，本是良商，何必动刀动枪，伤害无辜的性命，两边都有伤亡不好。所以我也请他们释放了林玉，好让我来劝谕你们。可是，你们都没有动静。看来，我想和平解决的方法是失败了。以后我们恐怕难再相见了。"

韦麻郎感动地说："我深知将军对我有厚德，从今而后，不敢或忘。一切都听将军的。"他承诺一定离开。

沈有容知道韦麻郎是重然诺的汉子，留他下来一起吃饭喝酒，在林玉的翻译下，竟日言谈甚欢。韦麻郎也更加敬重沈有容。

过几天，韦麻郎准备走了，临行前，他带了铳器、洋酒和土产等礼物来辞别，还特地带了一个画师，他们一边谈话，画师则在一旁为沈有容画像，韦麻郎说，要带回去作为友谊的纪念。沈有容只接受了铳器，土产则还给了他。双方深深握手话别。

1604年12月15日（农历十月二十五日）荷兰船开航的时候，韦麻郎站在船首，回望着澎湖娘妈宫前的海岸。沈有容率领他的将士，像对待一个可敬的对手那样，站在船楼的高处，望着他离去。荷兰人慢慢远去，直到看不见澎湖的海岸线。

13　明朝的危机

韦麻郎离开后，泉州、漳州、月港回归寻常的交易。福建解除一场战争危机，澎湖湾恢复平静，渔民也回到正常生活。

但真正的危机源头是高寀，这个恶人还在，随时会作乱。

事实上，高寀真的上疏皇帝，为荷兰乞求互市。还好，明朝中丞和御史都认为"珰疏不纳"，也就是宦官不属于文官系统，上疏可以不用采纳，直接否决了。

福建的海上人家听到了，都高兴地直呼"万岁"。只有高寀记恨顿足说："都是德政败坏了我的好事。"

高寀继续祸害地方。有多坏呢？那邪恶，超出正常人类的想象。

万历三十四年（1606），贪财的皇帝看到开矿只会赔钱，终于下令封闭所有宦官的矿洞，矿产的税收归给主事官员，这才改变了"假采矿真勒索"的乱象。但在福建搜刮了七年的高宷早已坐大，还得到皇帝拔擢成为更高一级的太监，赏赐绯鱼服，继续打着皇帝名号，到处收税。他在福州近郊乌石山建别墅，在官署后方建楼房，宏伟如同皇宫。这还不打紧，人有权势就淫乱，太监有权有势，却无法淫乱，怎么办？于是就有一个道士献策说："有一种偏方，只要生取童男童女的脑髓，配药吃下去，就可以让阳具再生，能御女子。"

高宷大喜，出高价去买穷人家的童男童女，配上药，专吃孩子的脑髓。穷人家不知道是有此残酷手段，以为只是买孩子去收养，后来知道内情，便没人敢卖。高宷的手下就跑去乡下专找不知情的农民下手。市上还有一班恶少，专门在路上骗小孩，迷昏了带来高价卖给他。据说高宷的税署后方有一座池子，里头都是累累的白骨和孩子的牙齿。

万历四十二年（1614），广东的税珰李凤病死，上面有旨令高宷兼督广东。福建父老心想，广东税收比福建富多了，高宷一定会去，大喜过望，只希望早早送走瘟神。却不料广东人非常强悍，他们知道高宷的恶行，早已歃血订盟，誓言如果他敢踏进广东一步，等他船到，就揭竿而起，宁死也不让他来。

高宷觉得自己又高升了，神气飞扬，造了两艘双桅大船，号称要航向广东，但到广东怎需要如此大船，他其实是看到海商有利可图，自己要来插一手。所以他的船上，插着黄旗，兵士不得盘问，而所有货物都是违禁品，如番段、龙凤红袍、建铁刀胚、硝磺、铅、锡、毡单、湖丝，价值数十万。这完全是准备和荷兰、日本交易的货品。但他出入陈兵，家丁三百余人，宾客谋士及歌童舞女百人。这样的阵仗，谁敢撄其锋？

可偏偏他碰到一群坚持原则的东林党人。施德政当时任福建都督，硬是把船挡在海门，让他无法出发，中丞袁一骥则找了部属上船查缉走私货品，找证据要治他。浦城人有很多被高寀的手下祸害过的，就控制海港出口，不让船走。海沧的进士周起元则上疏皇帝，写长文一条一条控告高寀的罪状，请皇帝把他抓起来治罪。后来袁一骥干脆把他的手下先抓起来法办。

周起元、袁一骥上疏的状子告到皇帝那里，各地大小臣工的状子堆满一桌子，走私的证据明确，大太监也保不住，皇上于是下令袁一骥把高寀撤回北京，等候处分。相较于他的罪恶，这个处分未免也太轻了，但福建人想到十六年的阴霾，十六年的委曲，一朝可以除去，也就不想多计较了，只愿快快送走瘟神。

这高寀带了上百个手下，带了太多搜括的宝贝财物，走不动，一路慢行。走了好几个月才到京城。他还行贿大太监帮他说话，免于处罚。最后被皇帝下令拘禁，但不知所终。[1]

这是张燮在《税珰考》写下的沉痛见证。万历当朝四十

---

[1]见张燮《东西洋考》，《税珰》。本文引自陈正统主编《张燮集》，中华书局，2015年。

八年，是明朝在位最久的皇帝，可他只是在最初十五年励精图治，后来懒政，三十几年不上朝，整个朝廷由宦官把持，朝政混乱。

从荷兰人占领澎湖的事件中，可以见出万历初年，张居正所建立起来的文官与武将，所积累的财政税收，都已被怠政的万历废弃毁坏，他重用打着帮皇帝收税却只私心自用、横行乡里的宦官集团，不断侵蚀社会根基，伤害民心，危害法律秩序。这些事实，万历应该都可以从各地官员的上疏中看到，但他放任宦官横行而不作为。

还好，地方官员只能运用行政系统的律法，文官的公务程序，抵挡宦官的为恶。然而，高寀只是其中一个，万历为了收银矿税派到各省的宦官，每一个都是侵占百姓财产，使民间深受其苦。江南海商加海盗，有武力对抗，还可以吓一吓宦官，让高寀稍稍收手，而东林党人周起元是正直的官员，还可以结合地方官员上疏，使受害稍浅一点，其他北方农业的大省受害至深而有口难言。还有更惨的是，地方官为了升官，巴结宦官，上下交征，不顾民间疾苦，最后只有起而造反。

为私利而不顾国家安全，索巨额贿赂而出卖港口，这样的宦官集团盘踞中央，政权如何不危险？万历之后，天启主政七年，天下开始大乱，农民起义不断，北方又有满族崛起，攻城略地，而国家财政又被宦官集团掏空，明朝已经危机四伏。

澎湖只是一个小地方，可是这里所发生的事件，却像手腕上的经脉一样，透露出大明政权的病根。此时明朝中央已经病入膏肓，即使地方上有正直好官，像沈有容这样，以己身能力，为之修补，在大航海时代，抵抗外来的强大压力，却也只能在表皮上修复伤口而已。

14　妈祖与唐人的海洋文化

韦麻郎离开后，澎湖人感念沈有容，于是有人建议在澎湖的妈祖庙前立一个石碑，以纪念沈有容谕退红毛番。因为明朝水师正是驻扎在这里。

然而，这一座妈祖庙又始于何时呢？

这一座妈祖庙始建于何时已没有人知道，只知道打从宋元时代，就有渔民从泉州、漳州来这里捕鱼，也带来渔民的信仰女神——妈祖。

在中国东南沿海，福建、江浙一带，只要有渔民、船商抵达的地方，就有妈祖信仰的流传。甚至流传到东南亚、日本、琉球等地。

日本长崎的文化会馆里，展示着一幅十八世纪初的浮世绘画卷，最足以说明这个过程。画卷中，一列福建船商、船民打扮的华人，头上戴着中国式的花翎帽，留着辫子，穿着中式唐装，手上携带着写着"天后"两个字的灯笼，在前面引导，肩上挑着祭拜的货品，这些都是新到的中国商品，他们的船刚刚到达，要去呈交"信牌"，所以特别下船来游街，好让民众也知道新的商品到达了。充满喜气的游行队伍里，有人敲锣打鼓，有一个人手捧着三尊小小的神像，其中安坐在中间的，就是妈祖，人们称为"船头妈"。这些神像是供奉在船上的，以保护船在大海航行平安无恙，所以不会太大，现在到达了，就把神像请上岸，一起游街。

画卷上写着"唐船来于崎海之日捧呈信牌以主船神天后娘娘上岸托置唐寺路上排行图"。

从图说所写的"天后娘娘"就显示出这是清朝的活动，因为"天后"的称谓是清朝才开始的。而"唐寺路"则代表了当时有不少唐人的商铺和寺庙，已形成一个聚集的街道。

在此特别要问一个有意思的问题：为什么同样是中国人，有时被称为"汉人"，有时被称为"唐人"？为什么日本人用"唐人""唐寺""唐船"呢？

据史学家的研究指出，这是由于他们接触中国的朝代而有不同。汉朝是中国首度向北方开拓，北方各国自此认得中原政权，故称汉朝之人为"汉人"。而唐朝开始，中原政权始大量向东亚海域开展，人们认得的是唐朝，所以称中国来的人为"唐人"，中国来的船叫"唐船"。

在早期，这些游行的神像受到本地居民的膜拜，有的会被留了下来，成为一尊大家供奉的神，慢慢地，有钱的船商集资建了寺庙，以长期供奉，也可以作为乡亲的聚会所。等到乡亲的事业再扩大，为了感谢神明的保佑，就会建成更大的庙宇。

就这样，妈祖信仰从一尊漂洋过海的神像，变成一间小庙，乡亲聚会所，再成为一个地方的信仰中心。这是一个自然而然的发展过程。

妈祖的信仰，就这样随着福建、江浙、广东的船商到达的海外港口，从中国流传到日本、韩国、琉球到东南亚的马六甲海峡，一路流传出去，东亚的每个口岸都有妈祖庙。

日本的这一幅手绘图，仿佛为这个信仰的转移与传播到全世界的过程，做了最好的脚注。

澎湖更接近福建，开始有妈祖庙，必然早于荷兰人来到之前，随着渡海而来的渔民、船商而建立起来的。一代传一代，等到1604年荷兰人来澎湖的时候，庙已经小有规模。而且此时澎湖作为福建海商、日本商船、葡萄牙商船的海外交易据点，已经有相当的知名度。所以福建的海商才会建议荷兰人把这里当贸易据点，这当然与澎湖湾的开阔地形可以容纳上千艘帆船有关。

和希腊神话中的海神波塞东不同，福建的海神是被敬称为"妈祖"的女神，她并不是出自神话，而是民间自然而然形成的。

　　明张燮在《东西洋考》有关于她的生平记载："天妃世居莆之湄洲屿，五代闽王林愿之第六女，母王氏。妃生于宋建隆元年（960）三月二十三日。始生而变紫，有祥光，异香。幼时有异能、通悟秘法，预谈休咎无不奇中。雍熙四年（987）九月九日升化。"[1]

　　林默娘之成为神，主要是她去世以后的神迹传说。曾有福建渔民在海上碰到飓风，在风狂雨肆，船只飘摇无助之际，天空中出现一道橙红色光芒，光芒中显现她的身影，有如在护卫着船与人的安全，直到风雨渐渐散去。人们开始传说她显灵的诸多事迹，遂建庙以示感念。林默娘因而变成保护渔民与船商的海上女神。一代又一代，随着海商的足迹，传遍了中国沿海，连天津、大连都有妈祖庙，更传遍了东南亚，乃至于东北亚的日本、韩国。

　　从宋朝历经元、明、清，妈祖从一个单纯民间信仰的女神，由于受到敬重，被升级册封为"天妃"，就是玉皇大帝的妃子，再到清朝，由于施琅认为能够顺利登陆澎湖，打败郑成功军队，乃是澎湖的妈祖保佑，于是上奏朝廷，请皇帝再升级为"天后"。妈祖自此升格为"天后"。

　　不过，1604年荷兰人来澎湖的时候，妈祖庙仍未成为

_____

[1]张燮，字绍和，漳州龙溪人，举人出身，以博学知名于时，著述甚丰，撰有《霏云居集》《群玉楼集》等书。《东西洋考》一书，原是张燮应海澄县陶镕之请而写，后因事中辍，不久由漳州府督饷刷驾王起宗请其继续写完，并于万历四十五年刻印出版。请参见张燮《东西洋考》，中华书局，2000年。

"天后"，所以人们都叫它"娘妈""妈祖"，而庙宇就称为"娘妈宫"。

闽南语的"娘妈宫"说得快一点，娘字的尾音较轻，和妈字合在一起，就成为了"妈宫"。这个地方也一直被称为"妈宫"。直到1920年，日本殖民时代，地方行政制度大幅更动，妈宫才更名为"马公"。这正如澳门的名字，来自闽南移民称呼"娘妈宫"是一样的道理。

明万历三十二年（1604）发生在澎湖的大航海时代故事，最后只剩下一块断裂的石碑，上面写着"沈有容谕退红毛番韦麻郎等"十二个字。

那是一块平凡的花岗岩，纵高194厘米，横宽29厘米。一般来说，中国人立碑，都会有某年某月，某官员题字立碑的记载。但这个碑除了那十二个字，再无其他遗留。很可能石碑的下半部断裂消失了，只留下现在的模样。有人推断，全文应是"沈有容谕退红毛番韦麻郎等于此"。

现在，这一块石碑存放在妈祖庙里，证明了这一间妈祖庙的建立早于1604年，是台湾与澎湖最早的妈祖庙。

至于石碑最初立在什么地方，学者推断，最可能是立于庙宇前面向海洋的广场上，所以石碑加底座的高度，应该在三百厘米以上，才能让人远远望见。唯有如此，才足以彰显沈有容的功绩；而且以花岗岩雕刻，才耐得住澎湖海风的吹蚀。

至于竖立的时间，当然是晚于万历三十二年（1604）。

因为那一年12月荷兰人才撤退，不可能当时就来竖立石碑。

不过，无论始立于何时，它的存在最多就是到1622年。

因为到了1622年，荷兰人再次占领澎湖。此时荷兰人若看到"沈有容谕退红毛番韦麻郎等"这种字样的大石碑，当然不会感到高兴，很有可能被毁坏或移除。所以笔者判断，断裂应是在1622年。现在只留下断裂的上半部，下半部遗失了。

或许因为这个石碑存在的时间太短，因此未曾见诸任何记载。而破坏掉的石碑也被埋入地下，彻底遭到遗忘。

这一遗忘，就将近三百年。直到日殖时代1919年，天后宫重修，修筑的工人竟在祭坛下，重新发现这一块断碑。他们也不了解它的历史意义，未受到重视。只是在庙里摆着。

1923年再重修时，为了纪念这个古碑，终于正式将它嵌入清风阁丹墀左壁。变成存放于墙壁上的展示。1949年后，国民党统治集团败退台湾，这一块石碑终于受到多一点重视。1953年，台湾省文献委员会特别致函澎湖县政府，表示："此碑堪称台湾最古石碑，务请妥为保护以存。"

1985年，"文建会"主持修复古迹天后宫，这一块"台湾最古的石碑"风化损坏情形已经颇为严重，所以自清风阁墙角拆下，放置于清风阁室内以免风吹雨打。这一块石碑终于受到较好的保护。

四百多年过去之后，谁又知道，这一块小小的石碑的背景，竟然是十七世纪初，一段欧洲独立战争、列强东方争霸、东亚海上贸易、日本野心侵略、明朝维护地方安全、民间商业繁华的大时代里，一个东西方文明最初交会时，最鲜活的见证。

下部：从澎湖到台湾

(1622—1624 年)

1 海战，从欧洲打到东亚

韦麻郎离开澎湖后，荷兰人在东亚依然活跃，但第二度光临澎湖，已是十八年后，明朝转到天启二年，公元1622年。

这期间，荷兰东印度公司在亚洲的开疆拓土从未停止。原因很清楚，它是一家股份公司，获利是它的天职。所以必须不断扩展贸易，寻找获利机会。

起先，荷兰没有贸易基地，只能在海上行抢，或者攻占别国的地盘，特别是在澳门与马尼拉之间，派人打探消息，只要传出有葡萄牙船出港，就准备去抢劫。葡萄牙的海战能力没有荷兰强大，恨得牙痒痒的。

在《澳门编年史》里，记载了好几件抢劫案与海战。

1604年1月27日，《澳门圣保禄学院年报》称：荷兰人刚刚剽劫了澳门的三艘货船，造成了澳门人巨大的损失，市民们感到沮丧。

1606年4月3日，荷兰海军上将科尔内留斯·马特利夫

（Cornelius Matelieff）率船十一艘、士卒七百人航抵马六甲，寄泊于离市区半里格之港外，并与搁浅在对岸的四艘葡船交火。后开始攻城。战役开始，双方并无大的伤亡，但都不断增兵，两边已经各有四五千人，变成大规模的海战。连荷兰国王之弟彭苏都率战船赶至马六甲增援，作围城之举。葡方也从邻邦及彭亨搬来援军。双方相持不下。葡方参战人数已经增加到七八千人。西班牙也不遑多让，不断增兵，死伤者无数。10月17日，荷兰军获悉有全副武装之葡舰保护货船驶往马六甲，立即率舰队在途中埋伏拦截。21日深夜，荷葡再战，恶夜之中，火炮狂射，双方恶斗至次日早晨，荷军火攻，被炸破的战舰因内部火药，瞬间爆炸，起火燃烧，汪洋顿成火海，葡军大败，十八艘战舰被俘被毁者过半，士卒军官伤亡者达六千人，葡萄牙人战力完全崩溃。经此一役，葡人在马六甲海峡元气大伤，马六甲海峡的控制权从此归于荷兰。

1607年8月18日，荷兰来中国叩关。打赢了马六甲战役的荷兰海军上将科尔内留斯·马特利夫率四艘荷兰船只共计五百五十一人前往中国，并在海上与广东官员谈判，要求进入广州通商。葡萄牙人利用各种办法，向广州官员说明荷兰人是海盗，专门在海上抢劫，以此破坏谈判。荷人入广州贸易遭拒。

马特利夫上将给广州官员写了一封信说："我是按照荷兰国王的命令，前来位于珠江的南头。我的目的是进行贸易，为此，我带来了许多现金和货物。我来到以后，受到葡萄牙人的阻挠。我不知道他们这样做是不是您的命令。我不愿意与葡萄牙人拼斗，当时我们只有三艘船，他们有六艘。当时我的船上满载现金和货物，葡萄牙人的船是空的，所以我决定离去。如果您决定允许荷兰人来广州贸易，请您一有可能便写封信至北大年、柔佛或万丹。收到后，我们将全副武装前来，这样葡萄牙人不敢跟我们拼斗。在此给您送上我从日本人手中救回的十名华人。既然我不能够为您效劳，至少我把这些华人送还给您。请您相信，荷兰人永远是中国人的朋友。"

从信的内容来看，荷兰的诚意十足，但广州方面并未给予回信。后来马特利夫向公司打报告说："假如我们要寻求贸易机会，就只能前往广州。因为中国皇帝颁令，漳州可以发舶前往各国，但不准外国人前去。与此相反，外国人可到广州，但不许华船从广州前往外国，违者处以重刑。"

然而明朝会排斥外国人吗？

即使南方的海外贸易港出现各种矛盾冲突，但明朝朝廷、官员并不排斥外国人，特别是葡萄牙人，因为他们愿意引进各种新式武器，教中国人如何制造火炮，有许多学者来到中国，引进欧洲的科学知识，因此较容易被接纳。

最明显的例子即是1610年利马窦在北京的去世。作为引进《几何原理》、制作中国历史上第一个世界地图《坤舆万国全图》，推广诸多科学、医学知识的天主教神父，利玛窦拥有许多官员朋友。他逝世后的两天里，吊唁的人群川流不息，其中很多是天主教信徒和明朝的官员。人们向这位神父、一个不再是外国人的外国人，也是一位对中国人的思想和感情都具有强烈吸引力的人表示敬意。在庞迪我、李之藻等人的努力下，在内阁首辅叶向高的支持下，万历皇帝御赐祭葬，特批北京阜成门外二里沟滕栅栏作为他的坟地，以示对这位外国人的敬重。

很显然，葡萄牙人比荷兰人早来了七八十年，在澳门待得够久，更了解明朝的国情，更懂得如何在中国官场周旋，利用官员的心理，取得特许的贸易权力，并排斥其他国家的进入。

举例来说，由于荷兰人控制马六甲，打击了葡萄牙从果阿经马六甲、澳门再至日本的贸易，为了保护葡人在中国的贸易不受荷兰人的侵扰，葡印总督开始派遣海军军舰在海上护航。1611年（万历三十九年）12月，有四艘军舰首次进入澳门，明朝官员要对这批军舰进行丈量，并征收吨税。葡舰司令海军准将瓦斯孔塞罗斯（Dora Diogo de Vasconcelos de Menezes）表示反对，认为这些船只为皇家兵船，不应缴税，并强硬声称，如果要强制收税，他将以武力相抗。明朝官员随即命令，封关绝市，断绝对澳门葡人的一切供应，使澳门葡人无法生存。

澳门葡人苦苦哀求准将让步，但准将始终不肯。最后，澳门葡人聚集在议事会举行议会，用计谋将准将骗进来，抓起来，逼其就范。最后，由议事会答应明朝官员的条件，帮这批军舰代交四千八百七十两银子的船税。从此，葡萄牙兵船到澳门来均须缴税，后并列入《海道禁约》之中。

由此例可知，葡人为了取得贸易特许，在澳门长期生存，不惜违抗葡人军方的强硬态度，甚至逮捕他们都在所不惜。幸好，澳门也有自己的议会，可以做出决议，采取行动。

比较懂得明朝官场"潜规则"的澳门葡人，连建炮台都可以做。1612年，在耶稣会的支持下开始兴建妈阁炮台。澳门的三个葡萄牙领袖人物到广州去说明，为了抵御荷兰人，修筑城墙炮台有其必要性。尽管没有得到正式的同意，但丰厚的礼物，使广东地方官员睁只眼闭只眼，对澳门修建工事没有进行干涉。

此外，葡萄牙也很愿意协助明朝建造大炮。1619年8月7日，因明军在萨尔浒之役惨败，几乎全军覆没，辽东形势危急。信奉天主教、利马窦的好朋友、时任左春坊左赞善兼翰林院检讨的徐光启上疏，主张应立刻访求闽、广、浙、直等处精巧工匠以铸造大炮。不久，徐光启又上疏，应从广东"募送能造西洋大小神铳巧匠数十名，买解西洋大小诸色铳炮各数十具"。由此可见，当时闽粤地区的冶铸技术冠于全国，故徐光启建议应访求南方巧匠至京仿制西洋大炮，并首次提出购买"西洋大小诸色铳炮"。当时能买到西洋铳炮的地方，当然是葡萄牙人的窗口——澳门。后来澳门葡人自费购买了四门大炮，作为礼品，送到北京给徐光启。

做"关系"做到这个份上，澳门的葡萄牙人也将自己的安全利益，和明朝绑在一起了。

这便是与当时中国官场打交道的核心："关系"。

葡萄牙人摸透了搞好"关系"的重要性。他们绝不让地方官员为难。要军舰交税，把准将抓起来，帮明朝皇帝买西洋铳炮，这些都做得出来。所以澳门建堡垒，明明是自卫武装，虽说是防卫荷兰人，但如果炮口倒转，用来对付明朝会如何？但送了厚礼，地方官员假装没看见。

"关系"，才是真正的门道。这一点荷兰终究还没摸到边。他们要直到1624年从澎湖被赶去了台湾，才从李旦那里学到一点。

虽然在中国的贸易被葡萄牙人破坏，荷兰人仍很积极在亚洲布局，努力想洗刷海盗国的恶名。1609年（万历三十七年），荷兰在日本平户设立商馆；1619年，又在爪哇设立巴达维亚作为总督府的所在地。为了建设巴达维亚，扩展亚洲贸易，中国是一个无法忽视的最大获利来源，葡萄牙的长期获利就是最好的证明。更何况，正在打独立战争的荷兰不可能不来中国与西葡争锋。

1622年，准备了许久的荷兰东印度公司司令官由雷尔生（Comelis Reijersen）率领舰队，向澳门进发，准备攻占。4月10日，舰队离开巴达维亚，先抵达越南的金兰湾，碰到两艘漳州来的中国戎克船，船上的商人告诉他们，此地有几个葡萄牙人在建造一艘戎克船，打算运货回澳门。雷尔生立即派了三艘大船和一艘快船去港湾，把那一艘戎克船打坏烧毁。葡萄牙人不敌逃走，他们把葡萄牙人留在那里的货物，如檀香木等全部抢走。[1]

他们继续向澳门航行。6月22日到达澳门，看到荷兰与英国的联合舰队的四艘船已经抵达。荷兰和英国不比葡萄牙和西班牙，晚了七八十年才来到亚洲，尚未建立商业关系，势力比较薄弱，难以竞争。为了强化实力，两个打了几次仗的小国觉得还是合作有利，决定联手，成立联合舰队，一起在亚洲海上"合伙经营"。

荷兰以巴达维亚为中心，在印度尼西亚经营香料、苏木等，运到中国、日本出售，有时也在海上做无本生意，抢劫葡萄牙西班牙的商船。英国则在日本平户向泉州商人李旦租房子，设了商馆，和中国商人合伙做生意，有些丝绸、瓷器等中国特产，由英国出资，中国商人李旦去福建、浙江采办，最后再由双方分利润。当然，荷英联合舰队也一起做无本生意。

荷英联合舰队在澳门、日本、漳州、马尼拉、越南之间巡弋，无论是看到葡萄牙船、西班牙船，还是中国商人的戎

[1]引自"国史馆"台湾文献馆主编《荷兰联合东印度公司台湾长官致巴达维亚总督书信集I（1622—1626）》，江树生主译/注，南天书局，2007年，第1页。

克船，只要有机会，靠武力和大船，一律抢劫。人杀了丢海里，货物带走，如果戎克船还堪用，就一并收为己用。有时还可以卖掉获利。

在巴达维亚东印度公司写给荷兰总部的报告文书中，这些内容屡见不鲜，抢劫的获利数字被视为营运的例行事务。但抢劫毕竟不能持续，能维持经常性商业交易，才是最佳的获利策略。如果能独占中国贸易，那就是更大的利益了。

雷尔生到澳门的行动计划，是奉巴达维亚总督顾恩的指令而进行的。在顾恩写给荷兰总部的报告（1622年9月6日）中，有如下的叙述：

> 为阻止敌人与中国的贸易，并使我们能够得到这一贸易，正如上文所述，我们需攻占澳门或占据中国沿海的另一地方。……
>
> 不论攻取澳门能否成功，我们命令他们在澎湖（若不能找到其他更适合的地方）筑堡修城，作为我们的基地。因为此地据说比澳门更为便利。此外我们还下令给他们派一支船队到澳门和广州附近，另一支船队在澎湖和漳州附近巡逻。据我们所知，对中国人来说，通过友好的请求，我们不但不能获得贸易许可，而且他们将不予以理会。我们根本无法向中国大官提出请求。对此，我们下令，为节省时间，一旦中国人不做任何反应，我们不能获许与中国贸易，则诉诸武力，直到消息传到中

国皇帝那里，然后他们将会派人到中国沿海查询我们是什么人以及我们有何要求，这是唯一的途径。因为我们找不出任何中国人敢前去报告或提出请求。一旦我们找到地方驻扎，监视中国人的贸易活动，据我们了解，无论是否经中国官员准许，将会有众多中国人前往与我们贸易，因为那里的人以海上贩运维生。[1]

很显然，荷兰有意运用船坚炮利，挑起战争，阻止中国与葡萄牙、西班牙的贸易，所以在派船队在澳门、广州、漳州、澎湖一带巡逻打劫。最后要逼使朝廷出来谈判，答应开放贸易。

设想，葡萄牙加西班牙与中国的经贸利益合起来有多大？而荷兰的野心之大，竟是想将两者一起并吞。

派船在澳门附近巡逻，是为了抢劫葡萄牙商船，而澎湖、漳州一带的巡逻，则是为了抢劫月港到马尼拉的商船。一边抢劫让葡萄牙与西班牙做不成生意，另一边要求中国互市。这样的互市即是垄断的贸易。

在这个大战略下，荷兰打算占领澎湖，以此为武装、贸易基地，向明朝政府要挟互市，如果不获响应，就直接开战。

---

[1]程绍刚译注：《荷兰人在"福尔摩莎"》，联经出版，2000年，第10页。

"为使巴达维亚成为公司的贸易集散地，减轻甚至解除公司所耗费用的负担，我们命令他们，在中国沿海期间，不准任何中国帆船驶往巴城以外的地方，只许他们持通行证前来我处。我们认为，达到这一目的不会遇到任何困难，并通过这一方式，使巴城成为贸易网络枢纽，从而增加巴城的收入，补充巨额费用。通过拦截船只抑制对我们的各种不利，得到大批货物运回荷兰。[1]

这一份报告写得赤裸裸，一点都不掩饰霸权思维，想独占中国贸易：一、中国的船都不许开去别的地方，只能驶去巴达维亚；二、要有通行证，如此就可以收取保护费；三、通过海上拦截船只，劫到大批货物运回荷兰总部，以补充公司运作的巨大费用。这就是东印度公司的经营战略。

它充满进攻的企图心，为了垄断商业利益，不择手段。

反观明朝，本来广州、澳门、漳州、澎湖都是中国的地盘，最有权力与能力去建立港口，开发市场，只要善用中国船商的势力，把粤、闽、浙、皖的船商都结合起来，利用船商的财力武装，进行组织管理，对贸易地区、市场分布、货品来源的供应等，做好规划，并以水师加强巡逻，保护商船，就足以形成庞大的海上商贸帝国，与荷兰、葡萄牙、西班牙、英国等相抗衡。

***

[1]程绍刚译注：《荷兰人在"福尔摩莎"》，联经出版公司，2000年，第11页。

可惜明朝的观念仍是传统的陆权至上，以"守土有责"为最高指导原则，保护国土安全为唯一要务。只有陆地防守的思想，而缺乏海上进取、商业经营的世界观，同时也缺乏专责的部门与官员负责此事，因此朝廷的管理方式与民间海商所需要的海洋经营毫不相关，只会阻却海商出海，以避免麻烦。其结果即是失去第一次全球化带来的历史机遇。

事实上，东南沿海的中国海商已经拥有世界贸易的网络，商业人脉遍布日本、琉球、越南、印度尼西亚、马六甲、缅甸、菲律宾等地，情报网绝对比欧洲各国都强。

当时航行受到季节风限制，春夏4、5月适合北上，而9、10月适合南下。在这期间，约有几个月，船商就在当地出售货物，收购要买回去的商品，也和其他船商交换各地的商品供需的讯息。例如日本此时有什么货品，正需要什么；马六甲需要什么，马尼拉想要什么货品等等。船商停留时间长，船的数量做大了，要采购的货品多，就需要货栈仓库，以堆积准备上船的货物，长期经营下来，船商在各地都有经营据点、财务支付、存货仓库等，有人留下在当地长居经营。久而久之，也有不少人娶妻生子，建立另一个家庭。

这样的往来经营，从唐、宋、元以来，已经有几百年历史，累积不少网络，即使明朝初期有海禁，也无法禁绝既有的通路。闽、粤、江、浙都是如此。而中国民间的亚洲商业据点，更遍及东亚诸国。这么多的华人（日本及东亚一带则习惯称为唐人），遍布亚洲的港口，这是多么庞大的情报、商业网络。大航海时代欧洲国家东来，就是利用华人已建立的这些的网络。

明朝中期，虽然日本海盗与中国海盗结合，倭寇盛行，但其中有不少是因为海禁而造成的违法海商，他们武装船队是为了保护自己，本身并不从事海盗抢劫。明朝政府只要善用民间的这个东亚网络，再配合水师在沿海的防御，大明王朝的确有实力建立一个超级的亚洲商业大国。

然而，海禁阻绝了这个机遇。明朝政府的思维方式——受限于朝贡贸易，而非用政府权力协助民间贸易（一如西、葡、荷诸国所做的那样），阻止了进一步开展的机遇。

失去此一历史机遇，中国的落后自此开始。那落后是指明朝政府无法取得东亚海洋的主导地位。但在民间，如郑芝龙之于荷兰，仍有坚强的对抗能力，并且借由地利之便，运用战略与战术，在海战中击败荷兰公司强大的海军。在商业贸易上，中国民间的活力，依旧非常活跃。

1622 年，荷兰二度侵占澎湖的过程，便是非常好的典型，非常值得深入探讨。

澎湖的这一段历史，显现了第一波全球化的大航海时代，欧洲国家与明朝接触之初，是抱持着什么样的心态？有什么样的权力本质？在东印度公司与荷兰总部之间，权力的范围有多广？其目的与利益为何？欧洲人怎么因应明朝的特殊国情而有所调整？在当地的政治秩序中，如何接触、收买、劫掠、攻占等，取得什么样的地位？

最重要的，透过一次事件的深度检视，我们重新看见，东西方两种文明的交会，如何在一个小小的澎湖岛屿互相碰撞，武力相向、使用诡计、决战海域、最后妥协谈判，让贸易得以进行，让欧洲与亚洲的交会得以持续，让东西方文明得以学习彼此的相处。而它所反映东西方文明的冲突，在二十一世纪的今天，以杭廷顿的文明冲突论来检视，更有值得借镜之处。

当然，这一段历程恰恰足以说明荷兰怎么从澎湖到台湾的。这是台湾命运的转折点。

2 德川时代的日本船

就澎湖来说，在沈有容谕退韦麻郎之后，直到 1622 年荷兰再度占领澎湖，这十八年间，明朝有没有改变政策，防守整备，以防外国的再度侵扰呢？

事实上，明朝的官僚系统有一种"有事来报，无事退朝"的惯性，"好了伤疤忘了疼"忘了荷兰一般，只在妈祖庙前立了一个碑，再就是沈有容的朋友写下文章，以记忆此事经过，便不再有人提起如何防备荷兰、英国或可能来临的侵略者。一切回到从前，以提防日本倭寇和海盗为主。

澎湖的守备一直围绕在如何防止倭寇。一如前述，从十六世纪嘉靖年间开始，倭寇为患，澎湖就常被当作补给站。日本倭寇与中国海盗会先在此会合，再分工合作，到各地去劫掠。所以福建每一任巡抚总要为澎湖伤脑筋。

一幅现藏于中国科学院图书馆的《明代福建海防图》[1]，在其图上的"澎湖"处，有十一行文字注记：

按，澎湖环山而列者三十六岛，盖巨浸中一形胜也。（澎湖）山，周围四百余里，其中可容千艘，我所守之以制倭，倭据之以扰我，此必争之地，前后建议筹之详矣。近因官兵远涉（澎湖），借口风时不顺躲泊别处；或谓议当建城，又虑大费，遂寝其谋也。然要在将令得人，则兵不患其偷安，城之有无可毋论矣。惟是（澎湖）延袤恢野，向来议守，委而弃之，既设游屯兵防御，可惜山地广阔，若能开垦则田有收厚利有实，倘有贤能把守，募沿海渔民为兵守汛，画地分疆，旧基兴作，倡人开垦，三年之外计亩量收其三分之一，行有成效则置兵垦田，相资而食，共守险地，两者俱得之矣。[2]

[1]《明代福建海防图》，作者不详。有部分内容收入曹婉如所编《中国古代地图集：明代》（北京：文物出版社，1995年）一书中。曹在该书中指称，该图系明万历中后期的作品。学者何孟兴推断，该图是在万历三十年以后所绘制，因为，图中的厦门中左所，仅见浯铜游兵而未见有浯屿水寨，而该水寨系在万历三十年时由厦门北迁至泉州湾的石湖，由此加以推断，故之。

[2]本文引自何孟兴《据险伺敌：明代澎湖筑城议论之研究》，《止善》，第16期，2014年6月。

此地图对澎湖的防守，提出筑城固守，以渔民为兵，屯垦开拓，算是比较正面进取的建议，但它仍未解决防守的困境。

困境在于澎湖离福建太远，派兵长驻，缺乏粮食，补给不易，且远隔大海，兵员调动移防非常困难。但对扬帆海上的倭寇来说，澎湖是一个好地方，集结之后，略做补给分工，两三天内便航行到漳州、泉州、福州、广东等地，开始打劫。

这就是最大的区别。一防守，一进攻；一个把海洋当远隔的阻碍，一个把海洋当通行的航路。对海洋的思路，决定了面对海洋的战略。这也是欧洲国家与明朝最大的不同。

明朝官方认为，基于福建安全，澎湖非守不可，但怎么守，却总是拿不定主意。有人说要筑城防守，但给养不易，有人说要派兵长驻，但驻军太少，易受攻击，驻军太多，费用太高。最后总是采取折中方案，回到沈有容那时的防守方式，派浯铜游兵，依春冬两季，倭寇可能来的时节，去澎湖防汛。

> 大抵，倭舶之来恒在清明（节）之后，前乎此，风候不常，届期方有东北风，多日而不变也。过五月，风自南来，倭不利于行矣。重阳（节）后，风亦有东北者。过十月风，自西北来，亦非倭所利矣。故防春者以三、四、五月为大汛，九、十月为小汛。其（指倭人）

停桡之处、焚劫之权，若倭得而主之，而其帆樯所向一
视乎风，实有天意存乎其间，倭不得而主之也。[1]

这是胡宗宪在十六世纪的论述，防汛即依此进行。

此种政策直到 1609 年，开始有了变化。日本结束战国，
丰臣秀吉死亡后，德川家康采取温和的外交政策，鼓励平
户、长崎的船商出海，发给御朱印状，正式进行海外贸易。
同时日本处于战后的建设期，农村生产复苏、经济繁荣，百
业重兴，民间更有能力享受海外的高级舶来品。许多地方岛
主见海外贸易有利可图，自己也参股海外贸易的投资。

当然，澳门的葡萄牙人、马尼拉的西班牙人、广东、福
建的船商也都加入了日本贸易。一时间，航行于长崎、平户
的商船络绎不绝。

为了扩大贸易据点，万历三十七年（1609），德川家康
派兵入侵琉球中山国。琉球国王很快通报明朝政府。福建、
浙江一带跟着紧张起来。同年，德川幕府又命有马晴信派兵
到台湾招谕少数民族，调查当地的地理及土产，并选择中、
日商人合适互市的地点。这当然与明朝政府仍禁止日本前往
中国贸易有关。明朝容许各国商船来，却因过去倭寇的历
史，唯独不允许日本来澳门贸易。甚至澳门如果容纳了一百
多个日本人，当作葡萄牙人的佣兵，也会引起广东官员的

---

[1] 胡宗宪：《筹海图编》，台湾商务印书馆，1983 年，卷 2，《倭
国事略》，第 35 页。

紧张。

然而，中日贸易量已随着日本经济发达而大增。特别是江浙、福建接近平户、长崎，前往日本经商的华人甚多，达到数万人，因此禁不胜禁。为了便于交易，日本船商便约了中国船商前往一些岛屿，如琉球、澎湖、台湾、越南等地进行交易。有马晴信到台湾调查，当然是为了找交易港湾，打算加以占领。

这个行动引起福建官员的注意。澎湖巡守的游兵数量因此增加，变为军士八百五十名，兵船二十艘。

万历四十四年（1616）4 月，日本长崎代官村山等安派出他的儿子村山秋安，下属明石道友等数百人，率领士卒，分乘十余艘兵船，远征台湾，想攻下台湾鸡笼（基隆）、淡水一带，以获得渡航南方的立足点、建立贸易港。

不料船队出发后，在琉球遇到飓风被吹散。其中，两艘村山秋安的船只失去了联络。另外有七艘船只因航行速度落后，漂进了中国水域。5 月初，遭遇到浙江的兵船，双方爆发了海战，互有伤亡。后来这些船于同年返回日本。不过，根据传闻，村山的船队中，最后有一艘抵达了目的地台湾，但是，船上人员却遭到台湾平埔人袭击而切腹自杀。[1]

最有意思的是，船队中明石道友那两艘船漂流到马祖附近的东涌（即今日东引），一艘停泊在"南风澳"，一艘停

---

[1] 请参见何孟兴《明末浯澎游兵的建立与废除（1616—1621年）》，《兴大人文学报》，第 46 期，2011 年 3 月，第 139—146 页。

泊在"布袋澳"。他们想等候其他失散的船只。

可是，倭寇船在东涌的消息传到福州，民众生怕倭寇入侵，纷纷逃入城里避难。城门不开，游寨的水师船也不敢出海。只有沈有容的好朋友董应举[1]的侄儿董伯起等三人自告奋勇，出海侦察。董伯起到东涌登岛瞭望，忽见倭船张帆冲过来。他们三人不敌，于是假装是讨海的渔船，只是到岛上来取水。可是明石道友眼尖，发现董伯起脸色白皙、手指细嫩，根本不像渔人的手，立即把他们抓了起来。到了浙江海域，释放另外两个，只把董伯起俘虏带回日本。

这时，董应举立即向福建巡抚黄承玄推荐沈有容出掌闽海防务。他说："闽海事，非参将沈有容不能！"

于是"谕退韦麻郎"的沈有容又被请回来了。他升任为"福建水标游击参将"，统摄闽海防事。

来年（万历四十五年）3月17日，明石道友从长崎出发，19日至福建小埕水寨附近，被明朝守军挡在黄岐。沈有容很快抵达，召来明石道友审讯，问他们为何侵扰鸡笼、淡水？为何挟去董伯起等。明石道友坦然回答说，此次全船共八十人，是为护送董伯起归国，并说明上次漂流的来龙去脉。

---

[1]董应举，字允龙，号崇相，明闽县龙塘乡人，万历二十六年（1598）进士，历任广州教授、南京国子博士、吏部主事、考功员外郎等。万历四十年（1612）受劾落职在籍。他事迹甚多，因照顾地方百姓，为人公道，后人感念，设庙祭拜。福建有三间他的庙。

审讯后，沈有容判断明石道友并无侵扰的意图，感念他们送董伯起回来，其船只窄小，回去也不安全，于是送了一艘民船，还赏赐花红、布、丝和酒食等。最后颁一布旗，上书："福建发回日本效顺夷目"，令其悬挂在船桅上，以避免受到福建船只的攻击，再给予粮食后，将之遣送回国。

沈有容宽容大度，事理分明，确是大将之风。

然而，过不久又发生新事端。

同年四月十三日（公历 5 月 17 日），另有三艘船，由桃烟率领，载了两百多名日本人，出来寻找村山秋安等人，他们抢夺兵船，并掳杀官兵。随后到白犬澳打劫渔船。但 5 月 9 日，却在东沙岛（即今之东莒）触礁。日人将器械衣粮搬到岸上，搭寮安顿。福建获报后，立即由沈有容率领福建水师包围。沈有容认为此次倭船与上次不同，扰乱民生，属于抢劫性质，应加严惩，又怕倭人作困兽之斗，不免两败俱伤，主张先截断续到的倭船，以阻止岛上倭人获援，断绝食物补给，同时乘机用间，诱令就擒。

沈有容先以佛朗机炮仰攻，倭人的寮舍被炮火焚毁。不过倭人还在挥刃装铳，拼死反抗。沈有容眼见倭人势孤援绝，决定采取诱擒，派人告诉他们明石道友已经受抚的事，谕令归降。倭人看到明石当时留下的书信，才接受投降。这一次总计擒获倭人六十七名。而明军不伤一兵一卒，确实是相当有智慧的一战。

为此，福建名人董应举写下一文，刻在东莒南边的石崖上。文长四十一字,碑有 2.87 平方米:"万历疆梧大荒落,地腊后挟日,宣州沈君有容,获生倭六十九名于东沙之山,不伤一卒。闽人董应举题此。"[1]

碑文中,"疆梧"为天干中的"丁"字,"大荒落"为地支中的"巳"字,"地腊"为端阳(即五月五日端阳节),"挟日",即"十天"。全文的意思是"明万历四十五年(1617)端阳节后十日,参将安徽宣州沈有容率军在东沙岛,生俘倭寇六十九人。我方不伤一兵一卒。闽人董应举题此。"

此碑也正好和澎湖的谕退红毛碑相辉映,都是沈有容的事功见证。

---

[1]大埔石刻,在连江县莒光乡大埔村(今称大埔聚落),所以称"大埔石刻",被列为文物保护单位。

3 鸡笼，跃上战略舞台

从 1609 年派有马晴信，1616 年派村山秋安远征台湾，这两件事已说明日本有意于台湾，安全上必然危及澎湖，闽南海域的海防应早做因应。

福建巡抚黄承玄在 1616 年 8 月上疏朝廷，奏准整合驻守厦门的浯铜游兵和澎湖游兵，将其合组成一支横跨台湾海峡的新水师，名为浯澎游兵。他希望借此将厦、澎两地的兵力和防区整并，增强澎湖防务，对抗入侵台湾的倭人。

黄承玄的上疏说得很清楚：

> 闽海中，绝岛以数十计，而彭湖最大；设防诸岛以十余计，而彭湖最险远。其地内直漳泉，外邻东番，环山而列者三十六岛。其中可容千舟，其口不得方舟。我据之，可以制倭；倭据之，亦得以制我；此兵法所谓必争之地也。往年平酋作难，有谋犯鸡笼（即今日台湾基隆）、淡水之耗，当事者始建议戍之（彭湖），镇以二

游、列以四十艘、屯以（一）千六百余兵；而今裁其大半矣。一旅偏师，穷荒远戍：居常则内外辽绝，声息不得相通；遇敌则众寡莫支，救援不得相及。以故守其地者，往往畏途视之；后汛而往，先汛而归。至有以风潮不顺为辞，而偷泊别澳者；则有守之名，无守之实矣。鸡笼地属东番，倭既狡焉思逞；则此彭湖一岛正其所垂涎者。万一乘吾之隙，据而有之；彼进可分道内讧、退可结巢假息，全闽其得安枕乎！近有议（彭湖）设参将以镇守者，有议（彭湖）添设一游互相救援者，臣以为皆不必也。彭湖之险，患在寡援。而浯铜一游实与彭湖（游兵）东西对峙，地分为二，则秦、越相视；事联为一，则唇齿相依。

今合以彭湖（游兵）并隶浯铜（游兵），改为浯彭游（兵）；请设钦依把总一员，专一面而兼统焉。[1]

黄承玄的意思是，福建的十几个小岛中，澎湖最远，以往曾有四十艘船、一千六百多人去巡防，但防汛期间，一个军旅偏师，在穷荒远地，平常和内地军旅无法往来，信息不通，偏处一隅，碰到敌人则众寡悬殊，难以支撑，而福建这边又无法声息相通，立即支持，以致水师常视澎湖为畏途。

---

[1]黄承玄《盟鸥堂集》，卷之二，《条议海防事宜疏》。本文引自何孟兴《明末浯澎游兵的建立与废除（1616—1621年）》，《兴大人文学报》。平酉，即平秀吉，即丰臣秀吉。

所以巡防常常晚去早归，甚至就移防到其他地方，声称因风潮不顺而去不了，实在难以管理。

这便是澎湖若设海防所面临的"联络、管理、指挥、监督"四大问题。

但鸡笼属于东番（即台湾），倭寇一直想拿下它，如果被拿下，澎湖就是他们垂涎之地。倭寇若据有鸡笼、澎湖，进可聚集，分道进攻各地，退可结成倭巢休养生息，福建自此没有安心日子可过了。所以黄承玄要把浯铜游兵与澎湖游兵合起来，成为较大规模的水师，名为"浯澎游兵"，好守护澎湖。

黄承玄这一份上疏最重要的意义在于：台湾与澎湖的命运首度连结在一起，唇齿相依，福祸相倚。

他同时还提出"屯田东番"的构想。这是明朝历史上首度有人提出把台湾纳入巡防，屯田耕守，等于将台湾纳入国家版图，这对台湾史是非常重要的文献。

原文如下：

> 夫浯铜为漳泉门户，彭湖为列郡藩篱，今一设重镇（指浯澎游兵），而有虎豹在山之形；一得内援，而无蛇豕荐食之患，其便一也。顷者，越贩奸民往往托引东番输货日本。今增防设备，扼要诘奸，重门之柝既严，一笔之航可察，其便二也。兹岛（指东番）向称沃野，向者委而弃之，不无遗利之惜。今若令该总（即新设的浯

澎游兵钦依把总）率舟师屯种其间，且耕且守，将数年以后，胥原有仓积之富，而三单无糇粮之虞，其便三也。[1]

此文之意非常明白，设了澎湖游兵之后，厦门与澎湖之间的台湾海峡即有较强大的水师巡防，将原有之航路控制起来，福建安全可保。而在这航路上做生意的日本人，特别是利用台湾做日本走私生意的商船，也可以加以监察。更进一步，还可以利用水师屯田台湾，耕守并行，台湾沃野平涛，以往委弃它，实在是太可惜了，耕守几年以后，台湾可以积累丰富的仓储，士兵就不用再担心食物补给了。

黄承玄这个构想上疏之后，得到批准，并开始进行。浯澎游兵增加到船五十四艘，兵两千多人，可谓一时之盛。

可惜的是，来年（1617）黄承玄即因丁忧（父或母去世而守丧）而去职，接任者无此热情，而浯澎游兵之间，一样碰到澎湖与厦门两地在联络、指挥、管理、监督困难的老问题。在没有直接威胁的时候，这些联络训练显得不那么重要，便开始疏于防备。该到未到，假装风潮不佳而逃避去澎湖防汛等。老毛病重现。

至于台湾的屯田耕守之议，距离更远，就更不可能实现

---

[1] 黄承玄《盟鸥堂集》，卷之二，《条议海防事宜疏》。本文引自何孟兴《明末浯澎游兵的建立与废除（1616—1621年）》，《兴大人文学报》。平酉，即平秀吉，即丰臣秀吉。

了。再加上明朝末年，北方的辽东战争，在萨尔浒之役后，打得如火如荼，位在北京的皇城备感威胁，无暇南顾，而朝廷内部斗争严重，再加上一个二三十年不上朝的万历皇帝已到晚年，更没人来管南方沿海的海防事务了。

万历皇帝死后来年，天启元年（1621），明朝中央依福建巡按郑宗周的建议，增设泉南游击一职，统管泉州府境内的水陆兵力，而"浯澎游兵"宣告废止，改回原来的浯铜、澎湖游兵架构，而冲锋游兵（即机动调动的游兵）也予以保留。如此，澎湖、浯铜分别防守，而冲锋游兵则作为支持的水师，协助海上防守。这三者都归泉南游击管辖。但由于厦门、澎湖不再统一管理，防御连结变得松散，澎湖游兵时常未到，就给海盗、海商、倭寇、葡萄牙、西班牙商船留下很大的活动空间。

可以想见，已成为贸易海域的台湾海峡，必然会吸引荷兰的再度光临。而港口适合、两岸船商穿梭的澎湖，自然而然成为荷兰的目标。

此处我特别着重提出黄承玄的上疏，有一个非常重要的原因，明的海防战略一直以防守为主，对澎湖也罢，厦门也罢，浙江的舟山群岛，广东的澳门等诸岛，所有岛屿的水师守备都是为了防制倭寇。或许十六世纪，特别是嘉靖年间的倭寇之乱，扩及面太广，因此让明朝兵部的海防心力都放在防制倭寇上，只要不让倭寇进犯内陆，让沿海居民安居乐业，就算是成功的防御。

但黄承玄是一个异数。他在 1616 年听到日本派人去统治琉球，并派了村山秋安带队想占领鸡笼时，就在 6 月上疏皇帝。其中显示的战略观念非常清楚：鸡笼距离大陆只是几个晚上的航程，而若借此占据台湾南部，以此进攻澎湖，更是近可攻退可守，明朝会变得非常被动。

> 夫倭岂真有利于鸡笼哉，其地荒落，其人鹿豕，夫宁有子女玉帛，可中倭之欲也者，而顾眈眈伺之也？盖往者倭虽深入，然主客劳逸之势，与我不敌也。今鸡笼实逼我东鄙，距沿海汛地仅数更水程，倭若得此而益旁收东番诸山以固其巢穴，然后蹑暇伺间，惟所欲为；指台（山）、礵（山）以犯福宁，则闽之上游危；越东涌以趋五虎（门），则闽之门户危；薄澎湖以瞷泉漳，则闽之右臂危。即吾幸有备，无可乘也，彼且挟互市以要我，或介吾滨海奸民以耳目我，彼为主而我为客，彼为逸而我反劳。彼进可以攻，退可以守，而我无处非受敌之地，无日非防汛之时；此岂淮八闽患之，两浙之间恐未得安枕而卧也。[1]

这是自宋元明以降，对台湾战略位置最为清楚的分析。

---

[1] 黄承玄《盟鸥堂集》，卷之一，《题琉球咨报倭情疏》。

他认为台湾并无太多财帛可以攫取，所以日本对台湾虎视眈眈的原因不在台湾，而是掌握主动与被动的"主客劳逸之势"。如果日本取得鸡笼，往下再收了东番（主要指南部嘉义、台南一带），几天之内，就可以攻到福州、宁波；越过马祖，就可以打开福建门户；澎湖可以攻漳泉，整个左右方位都很危险。即使不攻打，也可以要挟明朝互市，甚至以沿海居民为耳目，打探明朝的情势。不只八闽，连两浙都很近，再也别想高枕无忧。情势其实是非常危险的。

黄承玄的上疏文，已经把鸡笼乃至台湾的战略地位说得非常清楚，虽是从内陆的安全防备着眼，但对航海时代的海防攻守，主动被动的情势，却有战略高度的认知。即使放在二十世纪，美国冷战架构，何曾不是环绕在台湾海峡的战略，而把台湾列为第一岛链，以作为进攻大陆的跳板。

也或许它超越了当时明朝官员的认知，因此黄承玄的建议，也有局限性。局限性即在于他只能提醒浙江要注意温州外海的南麂岛，那里会是日本船集结补水再南犯之处。同时要求中央下令浙江、直隶、广东、福建各地水师加强防汛戒备。但就是未曾有派兵驻守鸡笼的计划。这可能因为防守澎湖就已经很吃力了，更何况防守台湾，所以未敢有此建议。

战略观点较进步如黄承玄，明知台湾不守有危险，但整个思维，还是一种保卫陆地，"守土有责"的心态，缺乏进取之心，没有打算把防卫纵深推进到台湾的鸡笼、淡水、大员。不会像荷兰、日本、葡萄牙、西班牙一样，想去占领台湾，增加财政收益。

相对来看，此时葡萄牙以澳门为基地，在广东一带的生意做得非常成功；而西班牙和月港贸易，更带来大量白银，商业活动已活跃无比。但他们似乎未曾给明朝官员带来思想上的转变，改变防守心态，采进取攻势。也就是将月港模式推而广之，让澎湖成为另一个月港，明朝政府在澎湖建设港口，设置关税，派人管理，使澎湖的私商交易制度化、公开化，再以抽得的税收，养活澎湖的游兵水师，应该绰绰有余。

质言之，如果明朝的官员像荷兰一样，以利益为导向，以进取为原则，以有效管理为经营方针，是不是澎湖早在十七世纪初，就发展为南中国的贸易港呢？果如此，荷兰还需要来占澎湖吗？他们只要来交易就行了。那就变成，月港对西班牙的马尼拉，澳门对马六甲的葡萄牙，澎湖对巴达维亚的荷兰，台湾对日本贸易，那岂不是很周全的安排？而澎湖的安全防卫就更容易获得确保。

当然每一个时代都有它的局限性。吾人不能以后见之明，说前人的不足，而只能感到惋惜。

然而，明朝的思维依旧是陆地文明的框架，将海洋视为是外来侵略者的路径，处处防备围堵，而不是世界文明的商业生机的源头，到最后反而失去先机。而这些海洋上的一个个小岛，正在自我形塑成一颗颗珍珠，并且互相连结，串成东亚最亮丽的珍珠项链。

4　筑城，在妈祖庙的对面

荷兰，就是把澎湖当成珍珠的人。因为这一颗珍珠，挂在中国的胸口上。

1622 年 6 月 22 日抵达澳门之后，荷兰并未对葡萄牙人发动攻击，而是先和从平户来的英国舰队会合，才联手在 24日发动进攻。

这空档也给了葡萄牙人准备的时间。他们组织马六甲佣兵及所有能找到的大炮，在澳门海边布阵全力防守。

这一仗，荷兰人付出惨烈的代价。司令雷尔生一下船就被大炮打伤，抬回到船上，其他人继续猛攻。想不到葡萄牙人本来退却了，随即让马六甲的奴隶佣兵喝酒，像发狂似的猛攻。偏偏荷兰船上带下来攻击的火药竟然因士兵操作不当爆炸，军队受伤。葡萄牙趁机发动总攻击，打得荷兰军队死伤狼藉，只有一部分人逃回船上。

荷兰随船的艾利·利邦（Elie Ripon）上尉在日记中留

下非常精彩的现场记录[1]。依据顾恩后来写给总部的报告统计，荷兰方面共死亡一百三十六人，受伤一百二十六人。他们终于知道，澳门葡萄牙人的炮火与兵力比他们想象的坚固强大多了。

战败的荷英联军在 6 月 26 日宣告分道扬镳，英国船和一艘荷兰大船开往日本，去把船上已经抢到的货物分赃，其他的几艘留在澳门附近巡弋，伺机抢劫。其余的船由雷尔生率领，7 月 11 日到达澎湖。

这个季节，正是澎湖游兵未来的空档，荷兰没有遇到任何阻碍，顺利登陆，占领澎湖。

雷尔生在 1622 年的日记中对于到达澎湖的情景有一些描述：

> 7 月 11 日，星期一，上午，各船扬帆向海湾前进，下午士希布船之李吉遮号泊碇于八浔深粘土质之处，即以小艇前往小堂（妈祖庙），发现守小堂之中国人三人。又在该处发现猪羊数头，及牛四头。据谓北方有多数渔夫居住云。

[1]［瑞士］艾利·利邦（Elie Ripon）：《利邦上尉东印度航海历险记：一位佣兵的日志（1617—1627）》［*Voyages et aventures du Capitaine Ripon aux Grandes Indes*（1617—1627）］，赖慧芸翻译，财团法人曹永和文教基金会出版，2012 年。

7月12日，星期二，遣派也多哈船丁汗号、维多利亚号、及迭克莱霍号前往接近小堂之砂湾，命在该处清扫船只，为各船装水准备开船。又率引士兵数人观察各岛，寻求最便于筑城寨之地。到达西方岛屿，发现西方一湾泊碇戎克船五艘，但我方不过仅六七人，故认接近对方为不利。

7月13日，命纽罗地君及杨亨力克逊沙引兵三四十人，查察该戎克船是否仍泊碇该处，林命与其交谈。……但中国人一见彼等，皆逃入戎克船内。后荷兰人持和平旗前往，数人始再登陆，与荷兰人会谈，询问余等率引如此多数船只何为？因答谓乃为求与中国人贸易，亦为求得该岛适当处所以逗留。彼等别无他言，即向首领报告乃再划船归去。首领旋即登陆，对荷兰人表示好意，并请余等牵引船只离开此地，前往福尔摩沙岛，谓该地有便利余等之港，愿出借戎克船一艘，领水人（引港人，即水路引导人），并约定翌日乘戎克船前来与余直接会谈此事。"（此处引用日本村上直次郎原译，郭辉中译之版本）

隔天，议会就决定由司令雷尔生亲自前往视察。可是中国人提供的向导没有来。荷兰人就派人到澎湖的陆地去寻找有没有去过台湾的人。他们看到两个村落，大约有五十到六十个中国人。过两天后，才找到一个自称曾经前往台湾的人愿意带他们去，还要了 50 里尔的报酬。

7 月 27 日，中国人向导带着雷尔生前往台湾。他们发现，进入港湾的地方，低潮的时候水深不过 10 或者 12 呎，不适合大船进入。再往南部，还是找不到足够深水的地方可以停泊船只。

雷尔生日记写着：

　　7 月 30 日，星期六，天明时进港，发现港内之水，如上述在潮水最干时为 12 呎，并算定其潮水满时当在 15 呎至 16 呎。在此附近海岸多沙丘，随处有丛林。内地高处稍见树木及竹，但欲得之则甚困难。如能获得材料，则港口之南侧则适合筑城。此处如有城，则船舶之进港当属困难。据中国人言，此港为日本人每年以戎克船二三艘渡来，经营贸易之处。此地多鹿皮，日本人向土番采购之。又自中国每年有戎克船三四艘，载运丝织品前来，与日本人交易。余等不见有任何人，唯见渔船一艘，但未于此交谈。此港即系葡萄牙人所称拉曼（Lamangh）者。本日返回本船后以在"福尔摩沙"岛不能发现比澎湖更大之岛与更便利之地，故决定返回我船舶之处。

日记中透露当时台湾已有福建人与日本人每年相约来此贸易，交易丝织品，也有渔船在这里。当然葡萄牙人一定曾在此出没，所以为它取名拉曼。

准此以观，雷尔生并非不知道台湾有福建船、日本船来此交易。是以台湾也可能是一个好的选项。

8月1日，在雷尔生回去报告后，澎湖会议做成结论：

> 该地不利于我们建城基及居住，因为我们的大船将无法入港。且当船靠近时，会受到强烈的潮流、浅滩特别是南季风的影响而陷入危险。尤其在最便利的大员湾（入口深度在满潮时15或16呎）其周围砂丘之外，仅见一些小灌木丛，但到湾内深处，将便利船舶停靠。而依现在所见来考虑，万一将来受到围攻时，将很难获得淡水的供应，且在当地也无法取得必要的木材。

对台湾不熟悉的荷兰人，不了解台湾有深广的腹地，深山中还有最好的千年古木材，更不知道淡水的供应不是问题。他们只看到海湾的沙丘，最终还是选择澎湖。因为"此岛位于二十三度三分之一，漳州东南18.9里，大员西北西约10里，为最适合的岛屿。特别是西班牙和葡萄牙想占有此地时，我们位于漳州附近，又面向台湾，可以控制最好的港湾，又有通往大员航路之便。"

从战略角度看，澎湖是一个面向四方、进可攻退可守的好地点。

毫不犹豫地，雷尔生下令在澎湖筑城。[1]

利邦上尉日记写着：

> 抵达澎湖，便上岸勘察岛屿，寻找合适的地点建造堡垒。在庙宇对面找到最合适的地点，把地界画出来之后，便开始动工。建材以土为主，一层土，一层草，如同建造城墙那样。如果不下暴雨的话，这座堡垒是很坚固耐久的。此外还建四座棱堡，每座棱堡均用六门炮把守。为了建造住房、守卫室、军火库和庶务库，我们扯毁从台夫特来的魔鬼号，这样一直工作到十二月，才把堡垒建好，派兵驻守。[2]

利邦上尉所说的庙宇，就是沈有容谕退韦麻郎的妈祖庙，而"庙宇对面"找到的合适地点，也不是陆地，而是隔海的对面。也就是今天澎湖马公蛇头山风柜尾的荷兰城堡遗址。这里确实是一个非常好的战略要地。可以扼守澎湖湾的入口，与对面的妈祖庙那边遥遥相望，海湾可以停泊上千艘船，容纳大量商船来此交易，进出得以控制，荷兰不愧是海洋国家，看战略地形很准确。

---

[1]见江树生主译/注，"国史馆"台湾文献馆主编《荷兰联合东印度公司台湾长官致巴达维亚总督书信集 I（1622—1626）》，南天书局，2007年，第4页。

[2][瑞士]艾利·利邦（Elie Ripon）：《利邦上尉东印度航海历险记：一位佣兵的日志（1617—1627）》，赖慧芸翻译，财团法人曹永和文教基金会出版，2012年，第109—110页。

有趣的是雷尔生对澎湖的环境颇为满意。在 1622 年 9 月 10 日写于船上的信中写道:

> 关于这城堡的建造,因缺乏石灰,困难重重。已如前述,这城堡只能用烟灰和泥土来开始建造。因此等到再来的北风季节将有崩垮的很大危险。要用来制造石灰的材料,此地可以大量取得,但没有木头。因此请您阁下让下次最早要派来的船只运木头和石灰过来,以便用来建造我们最主要的两个棱堡。
>
> ……这里的土地很肥沃,可以种植,也很适合畜牧。干旱的时期,此地没有很多水,只有一些咸水。您阁下要派来此地的船只可以令他们经由(越南的)藩朗或金兰,去那里购买一些猪和牛带来此地。因为猪和牛在那里价格比较便宜,经过一段时间以后,可以在此地繁殖众多。
>
> 此地的天气变化不定,也下很多雨,这些岛屿的周围有热的潮流,不过位置很适合把漳州的人堵在里面,并切断他们的航道。据我们的了解以及从我方几个人的发现,在漳州河一带,有几个良好的港湾,天候恶劣时,可使我们的大船和快艇进去躲避风浪[1]

---

[1]见江树生主译/注,"国史馆"台湾文献馆主编《荷兰联合东印度公司台湾长官致巴达维亚总督书信集Ⅰ(1622—1626)》,南天书局,2007 年,第 6 页。

雷尔生的这一封信是刚到澎湖的时候在船上写的。他对澎湖的气候与环境还不了解，充满乐观的期待。

他一到达，就非常"尽责"地派船出去，在漳州与马尼拉之间的海上打劫。有一条船劫到一艘马尼拉开往漳州的戎克船，戎克船没有战力，虽然还击，仍被打了四十八颗炮弹，船已重伤，但因天黑，荷兰船看不清状况，没敢迫近去追。隔天才看到船已搁浅在汹涌的浪涛之中。所以他要求巴达维亚多派一些武装配备好的快船来澎湖，船体较小，行动灵活，方便去打劫。

一个月之后，荷兰修建的城堡已接近完成，但是由于大雨，用烟灰和泥土做的棱和城墙堡被大雨冲得崩落，他们只好用木头支杜加以补强，再把几门大炮架上去，派士兵把守。这个城堡正对着澎湖娘妈宫港湾的入口，地势险要，可以控制船只进出。荷兰的防卫力大增。当年沈有容开着五十艘水师船进入港湾的事，不会再度发生了。

福建方面很快知道荷兰占领澎湖的消息。驻在厦门的澎湖守备王梦熊于 10 月 1 日来到澎湖，隔天在娘妈宫前，以官场的仪式郑重接见荷兰人。他带来福建官方的正式响应。雷尔生于 10 月 8 日给巴达维亚的报告中写道：

> 他们要来告诉我们说：我们来此地是不能和中国人交易的，因为此地是"国王"的土地，任何外国人都不许来此地居住，也没有任何一个官吏敢将我们已经开始

的工作或来意向"国王"报告。……

看起来，他们（反对荷兰人来澎湖）的主要理由，是我们来此地太靠近他们了，好像在探囊取物。据他们说，他们将引导我们去一个（比澎湖）更适合的地方，但据我们迄今观察到的，这只是他们要我们离开澎湖的托词而已。

雷尔生在信中已表达对明朝的反应非常不耐烦。他认为：

对他们充分认识，对一切也都深思熟虑之后，发现要向他们解释交涉是一件非常困难的事情。因为据我们所能看到的，要用友善的方法来达到通商目的，将非常艰难而且麻烦。要不是因我们的武力在澳门战败而变得那么脆弱，情况就会不同了。又因经常有许多士兵生病，其中大部分患痢疾，以致常有士兵死亡，再加上一个非常重要的因素，就是我们很缺乏各种需用品，一如食物、火药与其他物品。又不能期待威廉·约翰逊（Willem Janssen）先生会从日本运任何粮食和其他补给来给我们。……

我们终于决议，在携带这一封信的金狮子号（Gouden Leeuw）航离澎湖以后，并在其他剩下的船只都准备好可以航行时，就要遵照您阁下指令里给我们的命令，立刻向中国发动战争，并已宣战。但由于上述的理由，我们无法到陆地上作战去捕捉中国人，而且因中国沿海经常有强风暴雨，又有湍急的潮流，所以还未能付诸行动，不过我们还在等候时机，希望在神的庇佑下，将会给我们以更好的（可以去攻打中国的）时机。……

我们也已决定，本月 15 日，若时机形势许可，我们将派出此地可以不必留下来的武力去攻打中国人，全力去破坏他们，并去大量捕捉他们的船只和人员。[1]

雷尔生的态度，就是东印度公司的指令，就是荷兰对明朝要求互市的政策。它只有一个原则：为达通商目的，不择手段，甚至使用武力，在所不惜。捕捉到的船只可卖钱，或拿来使用，但大量抓人要做什么呢？随后就会知道了。

荷兰的态度，与前此先来到中国贸易的葡萄牙、西班牙都不同，一开始便用强势、压迫的态度面对明朝。

就在攻打前夕，10 月 13 日，福建官员守备王梦熊送来一封信，他向雷尔生表明，他来此地是想看着荷兰船离开澎湖，航回巴达维亚，或者去任何其他地方。他甚至承诺，他们会派十到十二艘船满载商品去巴达维亚做生意，甚至连价格都可以现在就签订。他也愿意从漳州派一个舵手来带领荷兰人去一个岛屿，叫淡水，他们告诉荷兰人，那里有很多黄金，有丰富的粮食，还有大船可以停泊的港湾。他们答应会有各种商品从大陆运去那里，甚至每年会花上荷兰人两百万

[1]见江树生主译/注，"国史馆"台湾文献馆主编《荷兰联合东印度公司台湾长官致巴达维亚总督书信集 I（1622—1626）》，南天书局，2007 年，第 16 页。

里尔才够。

从谈判术来说，这种条件是"好得不像真的"。荷兰人根本不相信。所以荷兰人回答得很干脆：离开澎湖不在我们的权限，得请示巴达维亚的上级总督。荷兰还开出条件说，谈判期间，你们要派船载着丝货和其他货品到澎湖来交易。但明朝官员就不敢同意了。

这样一来，荷兰也看破官员虚与委蛇的计策，干脆挑明了，下最后通牒："我们来这里，不打算一来就要离开，而是被驻在巴达维亚的总督派来这个岛屿建造城堡居住的；这也是最后一次要来用友善的方式，向漳州人请求通商。"

甚至强硬声明："既然谋求友善通商已经不可能，从今以后，除非来此取得我们的通行证，中国的任何船只都不要想航往任何地方去，若被我们看到没有我们通行证的船，人货都将被我们夺来当作战利品。"[1]

此种说法，事实上已经摆明是一种恐吓：如果互市通商不可得，就对中国海域实行封锁。

值得注意的是所谓"通行证"，本应由明朝来发。这是中国海域，海权与主权，本属明朝。可是在那个年代，并无海权观念，也无海上财产权的保护，荷兰以军事武力封锁福建海域，如果没有得到它的允许，中国内外船商的所有船与货，

[1]见江树生主译/注，"国史馆"台湾文献馆主编《荷兰联合东印度公司台湾长官致巴达维亚总督书信集 I（1622—1626）》，南天书局，2007年，第22页。

都是它可以抢夺的"战利品"。这等于是公然的战争宣告。

要言之，明朝除非让它拥有澎湖，开放互市通商；否则就一路抢劫，当是战争开打。荷兰也等于宣告占领澎湖。

这样的态度，荷兰会对当时欧洲任何一个国家实行吗？提出这样的要求会被接受吗？除非是双方战争，失败一方被占领，否则根本闻所未闻。荷兰以此对付巴达维亚一带海岛小王国，甚至杀灭了整个小岛的居民，只为了香料都在所不惜，这野蛮的事都发生过，所以并不令人讶异。但占领对方领土，再要求贸易独占，用这种方式对付东亚大国明朝，这根本不可能，更不必说与葡萄牙、西班牙的贸易早已进行多年，外交上也不允许明朝如此做。

因此，荷兰只能诉诸武力。

说到做到，雷尔生立即下令几艘船准备出航，去漳州、泉州一带的外海巡弋，准备碰上中国商船就打劫。事实上，这条航线主要是通往马尼拉，荷兰就是要扼住漳、泉的海上贸易。

明朝厦门守备王梦熊知道事态严重，却仍想实行拖延战术，便到荷兰船上要求船队暂缓出航。但荷兰不理他，反而借故说，这些船是出海去接日本来的补给船，在 10 月 17 日出航了。

他们得到的命令，即是"竭尽所能地去攻击中国人，无论在海上或在陆上的都要予以攻击"。同一时间，王守备也离开澎湖，回漳州去了。

隔天，1622年10月18日，荷兰人即攻打漳州虎头山，烧了八十艘船，俘虏八十个中国人，缴获六十门炮和许多武器。为了抢夺食物，还到处攻击平民村庄，抢劫十四头羊和四头猪。

数日后，舰队中的某些船与快艇被暴风吹离舰队，包含Engelsen Beer号的船长Jan Janisan在内的十四个荷兰人与两名日本人，被抓去福州。

对照中文文献，即"前抚院商都御史宵旦焦劳，谕剿互用。时则有铜山俘获而论那等一十六名"，名为"而论那"等的十六名被俘虏的人，即与荷兰文献中记载，被抓去福州的十六名俘虏相符。[1]

到了11月，荷兰人变成上岸劫掠，全面攻击。

11月25日到30日，在漳州河上岸，在陆地全面攻击，用旋转炮猛轰，杀了许多中国人，抢夺四五十头猪和几十头牛羊，烧毁两个村庄，烧毁海岸见到的船，甚至抢夺二十一包丝绸的原料丝线。[2]

随后的几个月，不是攻打鼓浪屿，便是攻打村庄，一路

[1]见林逸帆《从明末荷兰俘虏交涉看中荷关系》，《史耘》，第14期，2010年6月。
[2]参见林伟盛《荷兰人据澎湖始末（1622—1624）》，《政治大学历史学报》，第16期，1999年5月，第12页。

烧杀，抢劫食物，俘虏平民。

在利邦上尉留下的日记中还记载着：

> 一切安顿好之后，我们再出发到漳州去，那是中国
> 第二省，靠海，去看看他们要不要和我们贸易。但他们
> 不把我们当回事，只当我们是母鸡和稚子。跟我们说，
> 不久他们就要把我们赶走，送回荷兰——我们的出发
> 地。但是我让他们好好尝了母鸡硬喙的滋味。把堡垒安
> 顿好之后，指挥官雷尔生、谢灵上尉和我又随舰队回到
> 中国沿海，将我们在沿岸所见一切，全部烧光、杀光。
> 从广东省到漳州省，甚至位于福州府的舟山岛，海上陆
> 地无一幸免。这样历时两年半，毁了他们很多村庄、堡
> 垒和大量的船，包括他们口中的帆船。[1]

反讽的是，荷兰司令雷尔生在 1622 年 10 月 18 日开战，
派船去中国沿海烧杀，俘虏中国人回来，当作建城堡的奴
隶，竟然在 11 月的信中抱怨说："这一段时间以来，竟然没
有一艘中国船前来。"他们带来的粮食支持只能再支撑五六
个月，再不行，就只能去海上寻找"战利品"当补给。

设想，如果荷兰的船在海上四处打劫，碰到中国人就

[1]［瑞士］艾利·利邦（Elie Ripon）：《利邦上尉东印度航海历
险记：一位佣兵的日志（1617—1627）》，赖慧芸翻译，财团法人曹永
和文教基金会出版，2012 年，第 110 页。

抢，中国人听到风声，怎么会有船只冒着危险前来？如果幸运没被抢，而是做生意，被明朝政府抓到，那不是通敌吗？

荷兰人有这个想法，或许与上一次韦麻郎来时，有许多漳州、泉州一带的船商带着丝绸、瓷器或生活必需品等，违法出海来澎湖跟日本、西班牙、葡萄牙人交易有关，各国人早就习以为常，所以荷兰人才会如此期待。他们相信船商会偷偷来澎湖进行地下交易。但这一次的烧杀行径，已无人敢来。

一边建城堡，一边去烧杀。到了1622年11月下旬，冬天的北风开始吹起，荷兰人终于知道澎湖气候的厉害。

> 我们在第一封信曾经告诉您阁下说，此地的岛屿非常肥沃。但现在发现在北风季节，此地经常北风猛吹，气温严寒。以致树木无法长大起来。我们因经常要操作锚来稳住船只而极为忙碌了。所以我们当中也没有人去过其他地方，因为就像我们现在看到的，此地一直持续刮着风，以致我们已经有三十天无法用小船去上岸，或有机会跟其他船只互相来往上船了。[1]

原本期待有丰富食物的澎湖，人口少，没有什么农作

---

[1]见江树生主译/注，"国史馆"台湾文献馆主编《荷兰联合东印度公司台湾长官致巴达维亚总督书信集I（1622—1626）》，南天书局，2007年，第24页。

物。一旦冬风吹起，荷兰人才发现树木都枯干了。中国人又不来交易，荷兰人实在受不了，赶紧写信跟巴达维亚求援：

> 您阁下要派遣船只出航时，有需要派其中几艘经由北大年（在马来西亚），去带大批的地瓜、柠檬、牲畜和其他新鲜食物来此地，因为我们若从中国人得不到粮食的资源，在我们的船只前来此地之前，恐怕我们的状况就会很糟糕了。那时将严重到只能仰望神、我们的主来供应一切了。
>
> 现在留在此地的人包括荷兰人、印度人、班达人、混血人和黑人，一共只有四百一十四个人，其中三分之一，还是不健康的病人。[1]

北风来临的季节，让荷兰人从意气风发，变得困居小岛，忧思重重，尝到人在异地的艰难滋味。更重要的是水土不服，让许多人生病。不过由此信也看得出荷兰队伍中，包括印度人、班达人、混血人、黑人等，有不少是从各地抓来的奴隶。生存条件太差，他们一定先受难。

荷兰人未曾料到澎湖的海风如此猛烈、狂暴。1623 年 5 月 12 日，海上刮来的狂风，把人吹得跌下棱堡。根据利邦

---

[1]见江树生主译/注，"国史馆"台湾文献馆主编《荷兰联合东印度公司台湾长官致巴达维亚总督书信集 I（1622—1626）》，南天书局，2007 年，第 26 页。

上尉日记的记载:

> 风力之强,我从未见过。人如果没有趴在地上,就
> 会被刮走。甚至有两名奴隶绑在一起,抬了一箩筐土,
> 却连人带土从棱堡上被吹下来,其中一个跌断了脚。停
> 在港口的所有船只都被吹走,他们都下了三个锚。有两
> 艘被吹到岸上很远的地方,我们费了好大的劲,才把他
> 们推回水中。没有压舱石的话,这种情况难免发生。其
> 他船只者连同锚一起被吹到海上,我们呢,人在堡垒
> 中,以为再也见不到那些船,因为附近有很多小岛,而
> 且碰到这种突发灾害,船舵也无法控制。
>
> 但一小时后,从西边刮来的风停了,接着风从东边
> 刮回来,把那些船都吹回港口。港口正好背山,挡住了
> 风,所有船都回到港口,只有两艘被吹上陆地。一些帆
> 船(中国人的船),被冲到岸上,七零八落散了一地。

利邦算是见多识广的军官了,还是感到意料之外。从描
述中,我们不难看出,这一阵风应是提早在五月来临的强烈
台风,才会先吹西边,中间进入暴风圈,停一下,再从东边
刮回来。

然而,荷兰对福建沿海的抢劫从 11 月底到来年 5 月都还
在继续。荷兰显然仗恃着船坚炮利,采取边打边谈的策略。

5　力劝荷兰转进大员

荷兰东印度公司是一个股份公司，虽然拥有强大海军，但不是国家军队，打仗是为了赚钱，抢劫是为了利益，俘虏是为了贩卖奴隶。不要忘了，不管是对巴达维亚、澎湖还是台湾，它的最高指导原则一以贯之，就是获利。至于统治的合法性、合理性、正当性，都必须在获利的原则之下实行。雷尔生所接到的指令也是这样。

在这个原则下，澎湖能不能赚钱才是关键。不断打仗，抢劫民间的牛猪羊，只是混口饭吃，没什么利益，俘虏几十个中国人当奴隶，还要耗费食物，卖不了多少钱，算不上获利。雷尔生很清楚，关键是要与中国贸易，特别是在欧洲高单价的丝绸、瓷器等。

1622年12月底，福建巡抚高周祚派了人过来传递信息说，虽然有虎头山事件，但只要荷兰愿意离开澎湖，到台湾，或其他非明朝管辖的领土，他们愿意派人去台湾或巴达维亚去进行友好贸易，否则明朝也准备战争。如果是因为巴达维亚的总督不同意，明朝也可以派人去巴城和总督谈判。

经过议会的决议，1623年元月，雷尔生带了人去厦门谈判。厦门官员直接问他，是要来做生意，还是作战的？雷尔生当然回答是做生意的，荷兰人要以澎湖为基地做生意。但官员明白告诉他，这是不可能的，除非他们离开。如果离开澎湖，便可以派人去那里（或许是台湾）交易，每年甚至可以达到一百艘船。至于荷兰人在海上攻击葡萄牙、西班牙船，朝廷不管，但不许攻击中国人的船。

但雷尔生则答复说，离开澎湖不在他的权限，必须有巴达维亚的同意才行。

2月，雷尔生北上到福州去见巡抚商周祚。双方谈判后，由于雷尔生把责任推给巴达维亚，商周祚提出条件：一、毁城离开澎湖，但可以留下两艘船等候巴达维亚的消息；二、他愿意派两艘戎克船去巴达维亚，并派两个使臣和一封信，去跟总督商谈退出澎湖的事；三、如果荷兰离开澎湖，他愿意禁止戎克船去马尼拉。至于澎湖可能的粮食不足，他答应协助，但前提是荷兰答应离开澎湖。

不知是否各地被攻击的事件频传，在谈判过程中，商周祚显然抱持着"息事宁人"的态度。他并未对荷兰人攻击沿海地区，杀害中国人提出反击或要求赔偿。甚至对荷兰人攻击月港到马尼拉、澳门至长崎的商船，也未表示抗议。在中国海域公然抢劫，这是对中国海商的危害，可是荷兰人却坚持荷兰与西班牙、葡萄牙是交战国，所以必须当敌国处理，中国人不可以和荷兰的交战国通商。

这是一种对国家主权的侵害，商周祚是不是有正式同意，并未见诸文字，但在雷尔生的信里，却说商周祚已经同意了，所以他可以公然行抢。

会谈之后，商周祚向朝廷报告说，雷尔生同意毁城撤出澎湖，转至明朝防汛所不及的地方，然后他就会派商船前往贸易。不久，商周祚派了两艘戎克船，一名属下与商人黄明佐前往巴达维亚，准备和巴达维亚的总督谈判，但海上行程得花很长时间才能得到结果。

然而，雷尔生却不这么认知。他认为撤离澎湖必须得到巴达维亚总督的同意，在未有命令前，他不能离开。所以到了5月，荷兰并未退出澎湖，还在海上继续打劫沿海商船。商周祚终于掩盖不住，被皇帝责备，即将调离福建巡抚前夕，他不无抱怨地写信给雷尔生说：

我知道，有一艘新船来到，并掠夺一艘中国的商业戎克，想重新修建在东方已经毁坏的城堡，也要求买两艘船的货物。你已承诺毁城，派船离开，但是阁下心口不一，不遵守承诺。有更多的船来到，而且再度建城。

我亦听说阁下不准许戎克前往马尼拉，对此发出一份公告。澎湖为我国领土，没有我的允许，葡萄牙人不准到那里去。我已经派戎克到雅加达去了，为何阁下还要求买更多的商品？[1]

此时，商周祚已经知道自己即将离职。可他在给皇帝的
上疏里，写得很轻松：

> 万历甲辰（1604），有奸民潘秀贾大泥国，勾引以
> 来，据彭湖求市。中国不许，第令仍旧于大泥贸易。嗣
> 因途远，商船去者绝少；即给领该澳文引者，或贪路近
> 利多，阴贩吕宋。夷滋怨望，疑吕宋之截留其贾船也，
> 大发夷众，先攻吕宋，复攻香山澳，俱为所败，不敢归
> 国；遂流突闽海，城彭湖而据之，辞曰自卫，实为要挟
> 求市之计。然此夷所恃巨舰大炮，便于水而不便于陆，
> 又其志不过贪汉财物耳，即要挟无所得，渐有悔心。诸
> 将惧祸者，复以互市饵之，俾拆城远徙。故弭耳听命，
> 实未尝一大创之也。[2]

看得出来，商周祚是一个只想把事情摆平，大事化小的
官僚。他把荷兰来占据澎湖，说成是因为荷兰人在吕宋、澳
门被西班牙、葡萄牙打败，不敢回去，才流落澎湖要求互

---

[1]参见林伟盛《荷兰人据澎湖始末（1622—1624）》，《政治大
学历史学报》，第16期，1999年5月，第18页。
[2]参见《明季荷兰人侵据彭湖残档》，台湾银行经济研究室，
1962年。

市，目的不过是贪图中国人的财物而已。现在以互市为诱饵，让他们拆城离开，事情就摆平了。

这根本是掩盖事实、逃避责任的报告。毕竟，互市可不是诱饵，而是一种交易协议，得有实际贸易行动才行。如果没有正式贸易，或者找到其他地方让荷兰贸易，他们不会轻易离去。

不过，谈判过程也让雷尔生感受到压力。他知道，如果继续待在澎湖，交易不可能进行。最好还是转到台湾。而且，留下来势必要发动战争。因此他向总督提出，如果要留下，得补充各种战备物资，如封闭式快艇、备锚、绳索、火药战具等，最好再多派一些人来，因为他们开始发现，已经有很多人生病死去。

更何况雷尔生也发现，进攻中国沿海得到的利益不大。因为在福建沿海捕获的中国船，所载运的只是一些木柱、盐、稻米，最多补充食物，对公司获利没有多少帮助。至于捕捉到的人，雷尔生很惊讶地说："据我看来，他们也不怎么理会我们是否捕捉他们的人，奈耶罗德先生的舰队曾经捉了一百个人以上，也射死了几个人，但是我去见那些大官时，他们并没有问起这些事情。看起来这个国家的人口已经太多了。"

雷尔生的口气中，不无明朝官员不把他们的人民当人的轻蔑。

雷尔生因此下令派一两艘快艇去大员，他认为商周祚承诺，如果派几艘船去停泊在别的地方，他们就会前往贸易，而且还派人来协助他们去探勘几个地方，他们看来看去，最后只有大员最适合。

然而，由于荷兰在海上抢劫商船的行径早已传开，名声太坏，除了一些大胆不怕死的小商人，载着少量的生丝、瓷器、糖等来到之外，根本没有人也没什么商船敢来。只有曾经与日本有贸易的福建商船，在荷兰人来大员之前，早已和日本人在魍港（现在的嘉义布袋）交易，他们每年约定一定时间，依季节风固定来此，其他没有什么大船商敢来。

在日本长崎、平户经商的泉州大商人李旦即是其一。

由于明朝受倭寇之害太深，此时广州和月港虽然开放对外贸易，却仍不许日本人进入。但进入德川家康承平时代的日本，商业复苏，景气繁荣，非常需要中国的丝绸、瓷器等高级消费品，所以日本船会和泉州、漳州的商人相约在台湾做海外转口交易。魍港、大员就是这样的港口。而泉州人李旦在日本经商二十几年，与平户岛主交好，拥有海外贸易的朱印状（也就是日本政府允许进行海外贸易的特许证），他又有泉州的联络人许心素等，所以每年都派船队船来台湾交易。

1623 年春天，荷兰在大员所碰见的中国商人，其实是要来和日本人交易的，因此，荷兰就得和他们竞争。他们终于碰到决定荷兰命运的关键人物——李旦。

依据雷尔生在 1623 年 9 月 26 日写给巴达维亚的报告中指出，荷兰人为了在大员买到 150 担生丝，准备付钱。但被荷兰人称为"Cappiteijns China"（即中国甲必丹）的李旦却认为这是早已约定好的货，日本人不可能让戎克船只装一半的货返回日本，所以荷兰不能这样拦路买下来。如果荷兰想买，可以先付150担生丝的钱，即四千两银子，作为明年生丝的订金，到时再从中国运来。

总之，李旦让荷兰付了一笔订金。但这一年荷兰没有做成任何生意。

事实上李旦来台湾做生意已经很久。从1617到1625年过世为止，李旦和他的义子华宇从平户、长崎总共派出过十一艘船。1618年2月15日，英国驻平户的商馆馆长理察·柯克斯日记中曾写道：

> 这两三年来，中国人——即其一部分住在日本，一部分是住在中国本土的，互相策应——到一个岛，叫做Tacca Sanga，据我们的海图，是称为Formosa岛，开始贸易。

柯克斯在1618年7月12日的日记也曾记录：

> 据由长崎送来的李旦的书柬里说，由台湾进来长崎的戎克船卖了皮革和苏枋木，而这年因中国没有到货，所以生丝都没有舶载来了。

　　台湾的戎克船载来了皮革是什么？那就是台湾史上著名的鹿皮贸易。而"中国没有到货，所以生丝没有舶载来"，意味着中国、日本的商人以台湾为交易站，中国大陆载来生丝、瓷器等，而李旦的船则在台湾买鹿皮一起载回来。

　　据日本学者岩生成一的统计，李旦船从长崎、平户出发，至台湾交易，再归来的具体日期是：

李旦船（一艘）——1617-07-07（归）

华宇船（一艘）——1617（发）

李旦船（三艘）——1618-05-05（发）

　　　　　　　——1618-07-27（归）

李旦船（三艘）——1621-03-18（发）

李旦船（一艘）——1622-07-15（归）

李旦船（一艘）——1623-04-22（高砂着）

　　　　　　　——1623-07-24（高砂发）

李旦船（一艘）——1624-01-03（发）

　　　　　　　——1625-07-17（归）

　　雷尔生所记录的交易，即是李旦于 1623 年 4 月 22 日到台湾，7 月 24 日离开的那一趟。

　　雷尔生的报告直接证实了，澎湖与台湾，在十七世纪欧洲人来到之前，已经有许多东亚的贸易活动在进行，而不是一个偏远而无人知晓的荒岛。因此商周祚要荷兰人转到大员做贸易，应该是一些福建商人给的建议。这不是一个欺骗的诡计，而是符合明朝法令，又能照顾荷兰利益的决定。

不过，该注意的是，此时的商周祚也好，日本人也好，荷兰人也好，对台湾都只是一种贸易港的概念。而不是后来的殖民地的概念。这和一般人对台湾史的理解，总是以"荷兰于1624年开始殖民台湾"的概念，是完全不同的。事实是，荷兰人早就来了，只是未有经营成贸易港的打算。

在1623年，荷兰人新来乍到，事先没有订货，当然不会有商船载着货源来。像李旦和日本人的交易，都是在去年即已约定好的，要什么货品、价格多少、得提前准备，依季节风开船来台湾交易。荷兰只能跟日本人抢生意。

雷尔生不了解，回过头怪商周祚没有履行诺言——派人来大员跟荷兰人交易。

但商周祚就算想帮忙，也不会有商人来。因为他们买丝绸瓷器，要花大笔钱，若没有预定人而运来台湾，供过于求，被压低了价，又不想浪费运费载回去，被迫赔钱出售，谁愿意干呢？更何况，荷兰到处抢劫，船商避之唯恐不及，谁想自惹麻烦？

雷尔生不了解东亚的行规，不按商业规则办事，却回过头怪商周祚没有履行诺言，并且写信向巴达维亚抱怨中国人不守承诺，害他们赚不到钱。

不过，在海上抢劫方面，荷兰派去马尼拉的船却颇有斩获。

1623 年 4 月在马尼拉海域抢得三艘戎克船和八百个中国人，船上满载丝和货物；5 月 1 日抢得一艘戎克船和两百五十个中国人；5 月 11 日，在澎湖海域抢得一艘从马尼拉回航的戎克船和两百个中国人。这些被俘虏的中国人，变成奴隶，被带到澎湖建城堡，要不就是被带到巴达维亚去，当奴隶被卖掉。

根据利邦上尉日记的记载，荷兰人的海上抢劫范围不断扩大，特别是劫掠从菲律宾马尼拉到月港航线上的船。其中记载：

> 6 月 14 日从菲律宾马尼拉返航的"泽塞斯号"和"熊号"到了港口，掳掠了三艘中国帆船，船上载满各种物品。有丝也有黄金、陶瓷及各种丝织品。我们一定追赶敌人，也总是能逮住不少人，有时远超过我们想要的人数，那就送送他们去喂鱼。[1]

利邦上尉的口气如此轻松，仿佛那些被抓到的船商、船员、乘客、渔民，推落下海而死的中国人，都不是人命，而

---

[1]［瑞士］艾利·利邦（Elie Ripon）：《利邦上尉东印度航海历险记：一位佣兵的日志（1617—1627）》（*Voyages et aventures du Capitaine Ripon aux Grandes Indes*［1617—1627］），赖慧芸翻译，财团法人曹永和文教基金会出版，2012 年，第 111 页。

只是"喂鱼"的饲料。

即使活下来的俘虏，也命运悲惨。

依据巴达维亚总督 1624 年 1 月 3 日写给荷兰总部的报告，截至 1623 年 6 月：

> 澎湖的荷兰人共捉获一千一百五十名中国人，其中有一半因水土不服和劳累过度而死亡，有五百七十一人由 Zirickzee（船名）运往巴城，结果四百七十三人未免厄运，到达这里时只剩九十八人，另有六十五人又饮水中毒而丧生，这一批人最终只有三十三人免于死亡。[1]

统计下来，被荷兰人抓走的中国人，有 50% 死于奴工虐待，有 41% 死于航海过程，有 6% 死于中毒，仅有不到 3% 的人存活下来到达巴城。一千一百五十人，只活下来三十三人，如此对待俘虏的中国人，与虐杀何异？

一边抢劫，一边胁迫垄断贸易，一边还不断抓捕中国人当奴隶，这样的行径，明朝官员可以假装不知道？船商怎么能忍受？福建一带的老百姓饱受烧杀、劫掠、俘虏之苦，家破人亡，如何忍得下这一口气。

商周祚显然想欺上，却不能瞒下。更何况荷兰依旧占据

---

[1] 程绍刚译注《荷兰人在"福尔摩莎"》，联经出版，2000 年，第 31 页。

澎湖未走，福建人难道都封死了吗？遍地的哀号，没人听见吗？当地受害百姓难道不会通过其他管道上疏？

天启三年（1623）南京湖广道御史、福建人游凤翔就上奏了。

> 臣闽人也。闽自红夷入犯，就彭湖筑城，胁我互市。及中左所登岸，被我擒斩数十人，乃以讲和愚我，以回帆拆城缓我，今将一年矣。非惟船不回，城不拆，且来者日多。擒我洋船六百余人，日给米，督令搬石，砌筑礼拜寺于城中。进足以攻，退足以守，俨然一敌国矣。……
>
> 又言总兵徐一鸣冒矢石督战，中左所副总兵张嘉策闭城自守，不肯应援。身不至海上，诡言红夷恭顺，欺罔旧抚。甚有言其通夷，必欲迁延以成互市，如吕文德受带故事者。乞敕兵部议处。[1]

很显然，通过闽人游凤翔上疏，直接告到皇帝那里去，告厦门副总兵张嘉策故意不支援战事，骗说红夷恭顺，延误处理时机，掩护荷兰人，想要让互市拖成既定事实，所以该议处。

皇帝非常震怒。张嘉策立即被革职查办，皇帝批文中还

---

[1]参见《明季荷兰人侵据彭湖残档》，台湾银行经济研究室，1962年。

特别写了"闽海利害，惟闽人能谙，乞于俞咨皋、陈文扬二人内推一人代之"。

6 南居益的强硬政策

随后，约在 8 月 1 日，新的福建巡抚南居益[1]到任，也带来新的福浙总兵官谢弘仪[2]，以及皇帝指定的俞咨皋，他担任副总兵。在荷兰人留下的记录中，总是将谢弘仪称为都督。

南居益是文官，作风明快，为官清廉，个性正直，爱民

---

[1]南居益，字思受，号二泰（一作"二太"），陕西渭南人，万历二十九年（1601）进士。原职为南京太仆寺卿，以右副都御史巡抚福建，天启三年至五年（1623—1625）任。著有《青箱堂集》。

[2]谢弘仪，名国，字简之，号寤云，浙江会稽（今绍兴）人，明万历三十八年（1610）庚戌科武状元。为官多所建树。他以戏曲家之名为世所知，代表作有《蝴蝶梦》传奇。谢弘仪另工诗、书、画。

谢弘仪名字在《厦门志》中，曾写为谢隆仪，因而在翻译上，林伟盛的《荷兰人据澎湖始末（1622—1624）》一文中皆如此写。但考诸《明季荷兰人侵据澎湖残档》一书中，《彭湖平夷功次残稿》中，写着"原任福建总兵官今调广东谢弘仪"即可证，应为谢弘仪。由于档文书为当时公文，较诸后世所记《厦门志》一书为可信，故用谢弘仪。

如子，是难得的好官。谢弘仪是万历三十八年（1610）的武状元，不仅武功高强，最难得的是有文采，爱好戏剧，曾创作传奇昆曲剧本《蝴蝶梦》，与明末冯梦龙的《醒世通言》之卷二《庄子休鼓盆成大道》，同为后世戏曲家写作庄子休妻一剧的必读版本。他也是明朝武状元唯一写下戏剧的人。由此可见这两人都不是一般官僚，而是思辨敏捷、才华横溢，敢于直面问题、解决问题的士人。他们到福建时，还正当盛年，准备大展身手。

此时雷尔生已经听到风声说，新的巡抚将采取强硬政策，结合葡萄牙人、西班牙人，共同防守、分进合击，攻打澎湖。荷兰人感到事态不妙，议会于是决议，派雷尔生带了七十五名被抓去澎湖的中国人，大多是老弱病残，到漳州湾去，表达有意和谈。事实上那些人对荷兰也无用了，只是作为示好的"善意"。

8月23日，雷尔生到达厦门，派人送信给谢弘仪。但厦门都督谢弘仪不买账，先要求他交出中国人。雷尔生因此以为若交出人，会有利于谈判。

接到信后，谢弘仪派人带来回信表示：上次洪千总[1]交涉过程中未尽责说明，导致误解，升高两边冲突，现在他

[1]见林逸帆《从明末荷兰俘虏交涉看中荷关系》，《史耘》，第14期，2010年6月。"洪千总"是由荷文"Hongtienson"翻译而来。他应是一个厦门的中阶官员，在这过程中，来回负责与澎湖的交涉。但他总是利用到澎湖的机会，带着一些私货与荷兰人交易，自己图利，而交涉的条件也显然模糊。

已经被巡抚逮捕，不久后会被处决。他接雷尔生的信后，已了解荷兰想要接触谈判，但为什么还在拘捕中国戎克船呢？这难道是友好的表示？他认为其中必有误会，双方可以坐下来谈，但条件是先把被拘禁的中国人放了。

雷尔生立即送回七十五个被抓的人，并回信表示，上次所谈的条件，例如：如果荷兰退到台湾去，明朝就会派人到台湾笨港去交易，但都没有做到。而攻击前往马尼拉的船，则是上次与商周祚谈定的。

事实上，雷尔生的主张并非商周祚的原意。商周祚要求荷兰毁城退出澎湖，转到台湾，就会派人前往交易，并禁止商船前往马尼拉交易。但雷尔生未曾撤退，还继续在漳州海外抢劫。而雷尔生未退出的理由则是：巴达维亚的总督没同意前不能退出。于是又回到商周祚答应派两艘戎克船带着人与货去巴达维亚。此时派去的人正碰到风浪，还滞留在北大泥，尚未到达。

8月27日，谢弘仪给雷尔生的回答是：谢谢送回来七十五个"病人"，但还有一千多个中国人在你们手上，尚未释回。我们跟马尼拉的友谊贸易有数十年历史，和平而未有嫌隙，你要来谈贸易，凭什么要我们放弃目前交易情况良好的马尼拉？你们既然说是在等待总督的指示，为什么这期间不断劫掠我们的商人和帆船？我们的商人是良好的人民，在各种不同国家经商，你们有什么理由抓他们？你要求开放一个地方跟你们做贸易，可以派人来商谈，但你们抓我们的商人，控制俘虏，用这种方法，不会有任何商人会去巴达维亚与你们贸易。释放俘虏，在澎湖静候总督的指示，你们还可以做很多事。否则，以后我们断市，不许片船入海到澎湖，你们有什么利益？

谢弘仪的原则清楚，态度果断，所坚守的道理无可辩驳。

雷尔生接到信的当天，马上回信：

> 我们亦知阁下之臣民多年来与马尼拉贸易，而阁下亦知马尼拉与澳门当局为我们的死敌，因此，依我们皇帝之命，无法容忍任何国家补给他们。对此，以前在福州已有协议，我们还清楚记着。最重要的一点是，没有任何戎克可前往马尼拉或我们的敌人之处，因此对于违反协议，前往我们敌人马尼拉的中国人，我们有权捕捉之。如同阁下在战争中俘往福州的荷兰犯人。[1]

很明显，雷尔生把马尼拉贸易当作是协助敌国，所以有权逮捕中国商人。

8月28日，谢弘仪迅速回信给雷尔生，信中写得很清楚。他说：

---

[1]参见林伟盛《荷兰人据澎湖始末（1622—1624）》，《政治大学历史学报》，第16期，1999年5月，第16—19页。

我们知道，马尼拉的西班牙人是你们的死敌，因此你们不允许任何戎克船前往。而我们要求的是，与每一个国家友谊贸易。一国不能比别一国有优越的待遇。

马尼拉是你们的死敌，你们去与他们打战。马尼拉的人从未妨害我们，或捉我们的戎克。阁下有何理由占我们的土地？巴城是阁下的土地，我们将货物运过去对阁下比较方便。

若阁下的心意是与我们友谊贸易，就放弃澎湖，释放中国人。我将写信报告，要我们的臣民载你们所需之物，前往巴达维亚。哪一天阁下要放弃澎湖，我们将于哪一天载货往巴城，去访问你们的总督，全世界将会说你们得到很大的成就。

若阁下不放弃澎湖，又不释放中国犯人，我们不会派任何船前往巴城，你们可以得到什么利益呢？你敢到你们总督那里去吗？阁下掠夺商人的货物，将之拘禁，因此我命令商人前往，但他们害怕与你们贸易。而我不愿意违反商人之意，命令他们与你们贸易。

我由衷地向你们建议，若你要改变意见，现有二路，可二择一。阁下可以合理地与我们要求友谊，但阁下却选择武力相向。

中国的土地与日本相邻，因日本人是坏人，因此不许任何我们的人前往日本买卖。但暹罗、马六甲、北大尼，均为离我们相当远的国家，从未要求占领我们的领土，且他们是好人，因此他们每年派戎克来。

这是好例子，希望你记得，并且得到阁下的回答。[1]

谢弘仪回信所持的论点，即使以现代眼光看，也毫不模棱两可，合情合理。荷兰与西班牙、葡萄牙交战，这是你们的事；中国人可以与两边保持中立立场同时交往。而荷兰以此理由来占中国的土地，当成战争基地，这是不合理的。至于派商人前往澎湖贸易，更不能违反商人的意愿，你们到处抢劫，他们不愿意与你们贸易，谁能强迫？

谢弘仪给荷兰人两个选择：要友谊？还是要战争？

雷尔生知道自己理屈，次日即回复说：其实马尼拉并不安全，1604 年曾有两万名中国人被西班牙人杀害，他们只是要贸易，你们不如来澎湖、大员或巴达维亚跟我们贸易比较安全。

9 月 1 日，谢弘仪回信，仍坚持两个条件：放弃澎湖，释放被拘禁的中国人；至于澎湖的贸易，他表明："若你们善意地要求贸易，善待我以商业营生的臣民，阁下将会在巴达维亚得到足够的货物。我们的人仅带货物去营利。若阁下如同马尼拉方面一样，善待我们臣民，购买他们带去的货物，我们所有的人将会放弃马尼拉，而每年如同阁下的要

---

[1] 参见林伟盛《荷兰人据澎湖始末（1622—1624）》，《政治大学历史学报》，第 16 期，1999 年 5 月，第 12 页。

求，大量的戎克与资金前往巴达维亚。"

至于雷尔生所提的三个交易地点（澎湖、大员、巴达维亚），他回复说："阁下提到的大员，对我们来说是更近、更适合与你们贸易，而我们认为，带货到巴达维亚对你们来说更方便，阁下所需之物，比你们到远方的大员来更方便。"

谢弘仪认为荷兰最好也不要去台湾，双方一如西班牙在马尼拉，直接巴达维亚更方便。

不过，雷尔生仍坚持原来的要求。

> 阁下给我们的信中一直坚持两点。对此，我们一点也无法答应。如同以前多次提及：一、我们无权自澎湖撤离，必须等待总督的命令；二、关于目前在澎湖的中国人，也不可能释放。特别是到目前为止，我们从未有我们在福州犯人的消息，同时阁下的信中也未提起。再度请求阁下派五六艘戎克及一位有代表性的商人，带商品前往巴达维亚，口头上与总督谈。希望一切之事有好的结果，我也会很高兴派一艘戎克船或夹板船携去信件，告知总督此处发生的事。无疑问的，阁下诚心且派一些戎克带货物到巴达维亚，在此期间，且允许与我们于大员贸易，相信总督毫无疑问地会明快决定我等离开澎湖。[1]

---

[1]参见林伟盛《荷兰人据澎湖始末（1622—1624）》，《政治大学历史学报》，第16期，1999年5月，第12页。

很显然的，雷尔生仍坚持不撤离澎湖，因为他知道，一旦离开澎湖即没有筹码。而巴达维亚总督的会谈会拖延很久，且会不会决定撤离，都在未定之天。

双方僵持在先退再谈，或先开放贸易再退的问题上，没有任何结果。说白了，荷兰恃强不退，明朝毫无办法，至于贸易先后、等待总督下令，都只是托词。

荷兰也看清了明朝的弱点，认为"他们花言巧语，不断作出许诺，因为无能为力诉诸武力"。

因此荷兰在澎湖继续建造城堡。但是澎湖的材料显然不够，所以"城堡的外墙用泥土、黏土、烟灰建立起来，在那表面加砌砖头，但找不到材料使那些砖头固定下来，所以现在只能用木板和竹子在四周固定，将来怎样建造，还有待时间分晓。……在这四个棱堡与半月堡共装设二十九门大炮"。

此时，巴达维亚由新任总督卡本特（Pieter de Carpentier）接替库恩（Jan Pieterszoon Coen），人事的更迭，让雷尔生认为可报告澎湖的真实现况，试着改变政策，重新与明朝进行贸易协商。否则互市将一筹莫展。更严重的是，荷兰的职员与士兵因为水土不服，苦不堪言，纷纷求去。

他在1623年9月26日的信中抱怨说：

> 我们跟那些契约期满要离职的人员，有很多困难，浪费很多时间。特别是跟那些约定要一起出征的自由人更是麻烦。看起来此地有点太贫瘠（对人没有吸引力）了，因为我们在此地的大部分士兵，特别是那些牧师和

探访传道，都请求解职离去，甚至有人提说，只要能解职前往巴达维亚，送些钱给那些贫穷人也愿意，有些人则不领薪水也愿意。[1]

职员、士兵、神父、牧师都想走，送钱都愿意，可见雷尔生的压力有多大。而他自己的任期也即将届满，他也想离开。"我个人也希望您阁下派人来接替我的职位。"

然而，在接下来的信中，他却开始吐苦水，说出内心的想法。这一段内容，恰恰道出荷兰在中国交涉过程中，真正问题的所在。

关于我的任满离职时间有点不对，因为任期届满的人，常会被人看成没有少年青睐的少女。而且我们的资金非常脆弱，无法用以博取中国人的好感。我们在中国的生意还在日渐低落中。

真希望那时候没有发动战争，而由您阁下亲自偕同几个东印度议会议员来福州跟那里的官吏交涉，以取代那些严厉的指令。若然，则无可置疑的，现在必已替公司获取甚多利益。虽然我们已经尽我们的理解努力奋斗，但一直颇受总督跟阁下的指令和命令所束缚，特别是关于要在此地寻求对中国人通商交易的事情。亦即如

---

[1]见江树生主译/注，"国史馆"台湾文献馆主编《荷兰联合东印度公司台湾长官致巴达维亚总督书信集I（1622—1626）》，南天书局，2007年，第58—59页。

果不准许我们在此地跟中国人通商交易，就要立刻向他们开战攻击他们，并要告诉他们说，他们的戎克船都不许航往任何其他地方，除非先来向我们申请通行证。对此，他们认为我们先来向他们颁布法令是没道理的。因为他们一直强调，如果我们提供了你们的资金所需求的全部丝货，那么为什么我们的人还不能航往他们想要去的地方？[1]

从这一封报告也可以看出，雷尔生自知理屈。通商的困境，在于库恩下了死命令，非要通商不可，否则就发动战争。他很清楚，中国人认为，荷兰人既然要来做生意，带资金来买了丝货，这不是很正常的交易，为什么中国船不许航往其他方？更何况，荷兰凭什么来中国颁布法令？但雷尔生毫无办法，因为上级已经下令如此。所以他才带有悔意地说："真希望那时没有发动战争……如果由您阁下自己直接跟中国官员谈判，或许就不会这样了。"

他的潜台词是：上级下错指令，上下都一起受苦，有办法你自己来吧。现在一事无成，大家都想走，我也要离职了，你快派人来吧！

然而，职责所在，经过评议会所决议的事项，他仍得执行到底。

----

[1]见江树生主译/注，"国史馆"台湾文献馆主编《荷兰联合东印度公司台湾长官致巴达维亚总督书信集 I（1622—1626）》，南天书局，2007年，第58—59页。

7　火船，海上的神风特攻队

9 月 13 日，东印度公司澎湖评议会决议，再试图去福建和谈，若不行则发动战争。

此时福建巡抚南居益也很强硬，实施海禁，不许商船到澎湖交易，也不许荷兰船到中国沿海。

消息传得很快，往来澎湖、漳州的船商，特别是在澎湖的福建商人、渔民看到荷兰人在船上搬进搬出，把各种大炮装备运上船，已预感到要开战了。

南居益也在准备。他先让商人放出消息，表示明朝还有意一谈，但实际上已经准备了几十艘火船。

火船是中国传统的水战武器。在元朝的河上战争即用过火船。

火船不大，但设计非常精巧。有一种设计是：船的结构分为两段，前段与后段可分离，自成两条小船，前后之间，以榫卯相扣，可以完全密合。前半段载满木片、硫黄、火药、煤油等易燃物，并且在船的前端，安装一个有倒钩的尖刺。作战时，火船不理会箭矢，往前猛冲，撞上对方的船，尖刺插入后，即勾住了，不会脱离，而后引燃火药，使之燃烧爆炸。开船人则立即将前后榫卯分离，一船分成两段，后半段便脱离前段，急速后退脱逃（此种船的设计与模型，在香港海事博物馆可见）。

这是大河上的水战，但船太小，禁不起海浪的波涛起伏，不适合海战，所以海战中的火船是以小船改造的。依旧前端装满木片、硫黄、火药、煤油等易燃物，火船要在上风，顺着风势冲上去，借由风力直抵敌船，船夫立即把有倒钩的长矛，刺入敌船的船体，绑紧船身，立即点燃火苗。船体起火后，船夫赶紧抛下一个水缸，跳入其中，以小桨尽速逃走，因过不久，火船就要爆炸了。

船夫跳船逃亡要快，因此有时并不准备体积大的陶缸，而是用几个竹筒子，几个连串，变成中空浮标，绑身上跳船逃生。

然而，荷兰克拉克船太大，一艘火船根本不够引燃使大船爆炸，所以要准备几十艘火船。火船的准备，包括船只的调集、火药的设置、爆炸的设备等等，都需要时间。南居益和谢弘仪已开始着手。

但他们仍对外放出愿意商谈的风声。

荷兰的舰队由福朗克（Christiaen Francx）将军率领，前往漳州河。舰队在 10 月 25 日出发，目的就是"不让任何中国帆船开往马尼拉或其他掌握在我们敌人之手的地方"。福朗克考虑到荷兰兵力不足，仍怀着最后一线希望，想透过和平谈判解决。所以在 10 月 28 日，他在船上竖着白旗，进入漳州河，并写一封信给厦门都督要求和平通商。

此时，一个名为 Cipzuan 的中国商人来见福朗克将军说，他曾在巴达维亚做生意，受到过荷兰人的好处，所以想帮荷兰人的忙。现在厦门有三百多个商人受不了禁止通商，正合力要劝说都督，而此时需要的是一位有影响力的人物，所以他们愿意代为介绍在厦门非常有影响力的"隐士"。这个"隐士"是退休大官，安贫乐道，颇有学问，在厦门有很大影响力，只要有他出马，厦门官员会听他的。随后"隐士"受邀上荷兰船，来聆听荷兰的说法。听完后，他表示荷兰的说法有道理，他愿意请厦门官员来协商。

随后，厦门的官员带着都督的信，其中还规定了细部的贸易协议内容。经过讨论后，荷兰人认为都督的规定内容合理，因此准备签贸易协议。此时福建官员要求荷兰派几个商务代表上岸去，在隆重的场合和都督签正式协定。而中方也会留下一些人在船上当人质。彼此不必有戒心。

荷兰人卸下心防，便由迈登号（Muyden）与伊拉斯穆斯号（Erasmus）的高级商务员等人，陪同福朗克将军一起登陆，受到盛大的欢迎与高规格的接待宴请。盛宴中，明朝官员拼命请荷兰人喝酒干杯。伊拉斯穆斯号船长为避免喝到烂醉，先带船员回船，此时有一个中国官员借口要带更多的食物来，但其实是带来有毒的食物与饮料到船上给水手吃喝。水手们享用后狂吐不止。

到了夜晚，他们发现司令官福朗克和一些船员还没有回船上睡觉，中国人质回答他们说，正在宴会上跟官员喝酒作乐。等到午夜，五十艘火船已经顺风逼近而来了。

利邦上尉在日记里留下真实的记载：

> 我们指派了三位商务员、一艘船和一艘快艇前去，进入漳州河（应为漳州出海口的九龙江）。中国人看到我们前来，做好所有准备，企图歼灭船舰和随行人员。我们随着大摆排场的大人（指官员）和士绅上了船。为了与我们会面，穿上锦衣华服，领了四个人，一样穿戴华丽，打扮成地方官的样子。其实他们是牢里的死囚，来作为人质。
>
> 他们头上有一顶像帽子一样的头盔，佩戴一条粗腰带，差不多半呎宽，亮晶晶，其实是铜制的。我们的人一上岸就受到隆重欢迎，却一直被留到半夜，不知道为何如此拖延。我看到中国人在四周奔忙，觉得是不祥之兆。我们保持警戒，所有火炮进入备战状态，也准备起锚。到了午夜，六七艘帆船从河上迎面而来，载满了火药，船上都仅有一人驾船，直朝我们驶来，一挨近我们的船，就将船点燃，自己跳入一个陶缸内。那几个人质想快点逃脱，却被我们剁成肉块。

这些已经引燃的帆船，愈来愈多，我们以为会被烧死，因为"熊号"已经起火，可能被烧毁。但靠着上帝的恩典，火熄灭了，而且没有大碍。我们派去签约的代表毫无下落。我们进行侦查，也毫无音讯。有人说他们被带到北京去见皇帝，也有人说他们一到漳州，就立即处决。[1]

利邦上尉的这一段记载，透露了明朝在此次交涉中，使用了诡计。

荷兰克拉克船的大炮火力强大，但它适合与大船对战，击沉对方，但对快速密集攻来的火船，却来不及反应，更严重的是几艘火船同时靠近，勾住大船，即可靠着船体连续燃烧，如此，即使大船坚固，也不堪长时间的延烧，若烧破了一个洞，火入船体，此时为大炮填装所准备的火药，就成为最可怕的炸药，若是燃烧起来，整条船会爆炸。

在阿姆斯特丹的海事博物馆里，有许多描写海战的油画，其中即有刻画十七世纪海战的场面；而最为惨烈的，莫过于大船爆炸的瞬间，船体炸裂，木块与人体齐飞，火光与炮灰狂射，海面上只见一片伤亡泅水的船员，努力爬上小艇、急切要逃亡的士兵……

---

[1]［瑞士］艾利·利邦（Elie Ripon）：《利邦上尉东印度航海历险记：一位佣兵的日志（1617—1627）》，赖慧芸翻译，财团法人曹永和文教基金会出版，2012年，第109—110页。

1623 年的厦门海上，就有这么一条大船在火光烟雾中，灰飞烟灭。历史记载，此次俘虏了高文律（翻译虽为此名，然依学者考证，原文应为司令官之意）等五十二名。

这一场海战，南居益用了中国传统兵法中的各种奇计。"欺敌"：用"隐士"这种戏码，曲曲折折，让敌人认为是很难得的安排，信其为真。其次"诱敌"上岸、鸿门宴、毒酒、火攻等等。在战舰设备与战炮落后的情况下，南居益与谢弘仪利用地理优势，以及敌人的通商求和心理，赢得巧妙的胜利。

荷兰人非常生气，但也无话可说，因荷兰本来就是准备去厦门开战的，更何况荷兰早已在海上对中国全面开战。明朝的反击，无论用的是什么计策，都不为过。中国古话说："兵不厌诈"，战争本就如此。

在海战上，使用火船战法以克制欧洲大船，成为中国海战的经典。体量数倍于中式帆船的欧洲大船，号称"无敌舰队"的战力，自此打破。十年后，1633 年的料罗湾海战，郑芝龙也用了一百多艘火船，围攻九艘荷兰大船。它显示明朝的船只体量虽然小，炮火战力远逊于荷兰，但在实际战场上，仍有地利之便，得以运用小型的渔船、小艇改造为火船，成为以小搏大的"神风特攻队"。

南居益在写给皇帝的报告中则如此描述："战夷舟坚铳大，能毒人于十里之外，我舟当之无不糜碎。即有水犀十万，技无所施。乃多方用计，诱夷舟于厦门港口，生擒夷首高文律等，并斩级六十名，用火攻毁其舟，夷卒之死于焚溺者无算，精锐略尽，气势始衰。余党之在彭湖者，奄奄釜鱼，知其无能为矣。"[1]

---

[1]见《明季荷兰人侵据彭湖残档》，台湾银行经济研究室，1962 年。

8 荷兰与麻豆人的初次战役

就在 10 月 25 日，福朗克率领船舰去进攻厦门的时候，雷尔生也带着士兵和班达人到大员，开始兴建要塞。他还是很尽责地想转到台湾设基地，做一点贸易，弥补公司的损失。要塞的兴建，意味着荷兰打算在台湾长驻。当然他们也不无对李旦等人带来生丝交易的期待。

但要塞建得并不顺利。主要的建材只有竹子和沙子，竹子是去竹林里砍伐的，距离海边有一些距离。但平埔人似乎对此有疑虑，有一次双方争吵起来，平埔人找来了两百多人攻打他们，用标枪和弓箭猛烈投射。荷兰人这边约有三十个人，只能用火枪回击。最后有三个人被射死，而平埔人方面有四个人死亡，七个人重伤。

为了报复，平埔人曾想去放火烧了要塞，但守卫警觉地发现了。

利邦上尉日记对这一段写下了非常鲜活的记载：

1624 年 1 月 4 日，麻豆人和曾在树林与我交手的目加溜湾人，共三百人，夜里偷袭堡垒。但他们不熟悉，以为我们夜间不设岗哨，他们能像在自己家那样为所欲为。有个人想在堡垒内纵火，一名哨兵朝他开枪，算是帮他点火，他倒地立毙。炮兵将两门大炮对准山谷，认为山谷里会有其他敌人。满山谷确实都是敌人。他们原本计划等包围堡垒之后，冲进来屠杀里面的人，再趁有火光照明时返回。但是他们并未全体安然退返，有相当多的人魂断堡垒。早上，我们发现遍地是血，甚至有残肢断臂，以及他们的武器。我们追出去，但他们已经跑远，没有再回来。因为这些"火柴"和"火把"，对他们来说都不是美好的经验。他们称火枪为"火柴"。因为在树林里，他们偷窥到我拿火枪的打火轮来点火。他们也是在树林里见到火炮击发时射出灼灼的亮光，于是变成是为"火把"。

这一场"初相逢"的战役，台湾平埔人以传统箭矢，对新型火枪，自然不敌。

雷尔生在大员建要塞，主要想留一条后路。万一到最后必须退出澎湖，至少还保有一个交易的据点。虽然平埔人的火攻有一些威胁，但最多就是几百人，显然比明朝政府小多了。

厦门一战之后，雷尔生知道，想赢都有困难。更何况，南居益已展开坚壁清野的战略：不许福建商船到澎湖交易。

> 我为公司着想，如果我们没有来澎湖建造要塞，我
> 深信，现在我们已经在大员贸易通商了。现在我们要贸
> 易通商已经非常困难，除非使用极为强大的武力，来强
> 迫通商。因为福州的巡抚已经发布一道告示，禁止所有
> 的中国人去任何地方跟我们通商，违背此令的人，人将
> 被处死，货物被没收。……现在我们在此地很少或完全
> 没有生意可做。[1]

由此看来，雷尔生除了转往台湾，也一筹莫展。更何
况，此时澎湖已经来到冬季，缺乏食物，无法通商，寒冷的
海风让荷兰的士兵与船员生病，苦不堪言。在 1624 年 1 月
25 日的信中，他写得颇为无奈。

> 现在（感谢神）生病的人没有像去年那么多了，因
> 为曾经从中国取得大批橘子和其他食物，使我们的士兵
> 在短期间都有强壮起来。不过现在已经有五个月，几乎
> 没有取得这些食物了。也可能不会再取得。因此担心，
> 健康情况又会恶化，但神是万能的，我希望，他会赐给

[1]见江树生主译/注，"国史馆"台湾文献馆主编《荷兰联合东印度公司台湾长官致巴达维亚总督书信集 I（1622—1626）》，南天书局，2007 年，第 78 页。

我们良好的解决办法。

大员目前没有生产新鲜食物，对澎湖没有什么帮助。本地（指澎湖）是个很不健康的地方。因为那里只有鱼和咸水。但在这干燥的时候还不很够用。此地很适合养殖一些山羊和牛。我以为 Camps 先生会运几头母牛来，但却运公牛来。这些公牛没有母牛就不能繁殖，只能宰来吃肉。……

我们一个星期只有两天有肉可吃，其余的日子，就只有米。真的很少，因为他们还要拿所有的米去换鱼来吃。此外，还得忍耐寒冷。因为此地在北风季节非常寒冷，我们的衣服也不够御寒保暖。因此船只出海常因天气变得很冷，不过五六个星期就会有很多人病例，以至于必须航回澎湖。就像我们从经验所看到的那样。"[1]

在这种情况下，很多任期届满的水手和职员都想离开，荷兰士兵也缺乏战斗意志。连雷尔生自己都想在下次船只来的时候，搭回巴达维亚，只是怕其他人群起效尤，才暂时打住。而澎湖缺乏多少东西呢？从信的清单中可以看到，大至粮食、火药，小至城堡使用的灯笼、火把、唧筒用的皮、榫钉头、纸张、笔、墨水等等，拉拉杂杂几十种。可见荷兰人

---

[1]见江树生主译/注，"国史馆"台湾文献馆主编《荷兰联合东印度公司台湾长官致巴达维亚总督书信集 I（1622—1626）》，南天书局，2007年，第78—80页。

无法适应澎湖的生活环境。如果不是转往大员，就只有回巴达维亚，这已是早晚的事。

即使如此，他们依然派出有限的船只兵力，在漳州河口拦截航往马尼拉的船，继续打劫。这是由于除此之外，也没有其他的利益来源。

然而，也正是在 1624 年的 1 月 1 日，从福州派出去的两个明朝巡抚的代表——陈士瑛和商人黄合兴（即黄明佐），终于见到荷兰东印度公司巴达维亚的总督。这两人 1623 年 3 月从福州出发，转经许多地方，终在年底到达，并安排在新的一年开端，展开新的对话。这是一次被历史瞩目的会面。在亚当·克拉洛（Adam Clulow）的《公司与幕府：荷兰东印度公司如何融入东亚秩序，台湾如何织入全球的网》（*The Company and the Shogun*：*The Dutch Encounter with Tokugawa Japan*）一书中，他曾如此描写：

1624 年 1 月 1 日两位来自中国的大使抵达巴达维亚，也就是荷兰东印度公司在亚洲的新总部，这项戏剧性的事件，是荷兰人在当地落脚以来的短暂时间里，不曾有过的情形，因此成了《巴达维亚城日志》这部卷帙浩繁的每日营运纪录当中，记载的第一个条目，对于研究这段时期的史学家而言，这部日志是一份至关紧要的文献。

那两名大使由福建巡抚派遣而来，目的在于讨论澎湖群岛近来的情势发展。澎湖群岛是台湾海峡的一个小岛链，在两年前遭到荷兰部队占领。这两名大使的队伍伴随着当地官员临时找来的四头大象，以增添气势，先在城市里穿行了一段时间，然后才抵达巴达维亚城。这是荷兰东印度公司建造的一座低矮宽广而配备有强大武装的堡垒，用于保护该公司在亚洲最重要的一块领地。外交队伍从两排列队站在大门前的士兵之间穿越而过，被人领着进入燠热的堡垒园区内，在中央厅堂等待着他们的是"总督殿下"。他是亚洲最高阶的荷兰官员，也是荷兰东印度公司在亚洲地区外交活动的新任代表。

这个中国使节团以及其他类似团体的来访，标志了荷兰东印度公司在外交实践本质上的一项重要转变——这项转变不只改变了该公司在亚洲做生意的方式，也对该公司与德川政权的关系，造成了深远影响。[1]

亚当·克拉洛的描述有点夸张，把这两个特使当成明朝的使节团，而且加大描写他们的外交行动。事实上，这两个特使只代表商周祚巡抚，作用是派出来打探荷兰总督的真实意图，以及政策态度。他们并非官方正式的外交人员。在随

---

[1]见［英］亚当·克拉洛（Adam Clulow）：《公司与幕府：荷兰东印度公司如何融入东亚秩序，台湾如何织入全球的网》（The Company and the Shogun: The Dutch Encounter with Tokugawa Japan），陈信宏译，左岸文化，2020年，第105—106页。

后南居益担任巡抚后，他们所代表的和谈作用也被否定了，否则便不会发生后来的战争。但亚当·克拉洛的态度，正反映出十七世纪的欧洲国家如荷兰，是如何看待中国。他们对中国官僚与外交体制并不了解，以致巡抚的代表竟然被当成是朝廷的特使。

巴达维亚写给荷兰总部的报告显得比较平实。

在《东印度事务报告》中记载，这两个使者向总督德·卡尔本杰（Pieter de Carpentier）申明是受巡抚委托而来，想问总督，"司令官雷尔生在中国海岸的所作所为是否得到确凿的报告，这些行动是否由我们命令而发生"。他们说明了雷尔生在澎湖筑城，要求贸易，已违反中国禁令，更甚者视中国为敌，抢劫烧毁，扣押众多中国人，在大陆沿海掳掠，肆无忌惮。中国要他们撤离，但他们说，要有总督的命令才能走，所以这两个特使是来询问总督，此事是否属实。他们同时奉上巡抚致总督的信。信的内容无非要求撤离到中国行政管辖权之外，离开澎湖，否则不能通商。

荷兰却并不这么认为。在报告书中，总督说了他所感到不解的各种"困惑"。这些非常典型的"困惑"，代表着东西方思维方式、文明价值观的差异，在碰撞时，所擦出的火花。我想特别在此引用。

难道对中国人来说，维持他们对澎湖的行政管辖，比我们在那里的贸易更加重要，以致需要以战争的灾难来解决吗？对他们来说，更简单而易于接受的是同意我们留在澎湖，不然，准许我们在大员驻扎，并前来巴城贸易，从而以正当的理由和许诺，说服我们离开澎湖。因为我们最关心的是贸易，对澎湖干燥贫瘠的土地毫无兴趣。如果他们欢迎我们到他们的国家，这种尝试难道能给他们带来什么不利吗？一旦他们日后对此另有看法，仍可以像现在一样，随时取消我们贸易的权力。这种尝试能给他们带来什么损失吗？他们卖给我们的货物我们支付给他们银两和其他所需物品。这才是前面所讲的，达成所希望的友好协议的办法。任何一方都不会吃亏，他们没有理由阻挠。一旦不能说服他们，我们应该注意，撤出澎湖在中国行政管辖之外的地方驻扎，仍不是解决问题的安全之策。这一步完成之后，他们将得寸进尺，随意寻找贸易伙伴，与我们的敌人或其他地方贸易，而且他们还可以扬言，只要我们的要求得到满足，能得到与我们资金相当的货物，我们则无权阻碍他们。[1]

这一长段的报告，显示了荷兰对中国政策不开放贸易，感到不解。他们认为贸易只是交易，中国卖出货物，荷兰出银子，为什么不开放呢？

然而，问题不在于贸易本身，而是"占领国土、海上封

---

[1]程绍刚译注《荷兰人在"福尔摩莎"》，联经出版，2000年，第38页。

锁、垄断贸易"。

不要说别的，任何人去占了荷兰的阿姆斯特丹，封锁出海，强迫独家贸易，荷兰会答应吗？

荷兰东印度公司的决策显然出了问题。占据明朝领土澎湖，抢劫中国商船，强迫明朝授予独家贸易，不许中国与西班牙、葡萄牙贸易。换言之，巴达维亚的总督用一种对付印度洋一带亚洲小岛国的方式，完全靠武力压制，用枪炮攻击，以此要强势压迫明朝政府。明朝怎么可能接受？

以日本来说，荷兰、英国进驻平户是租房子开商馆，堂堂正正做贸易据点，以此进出口货物，并外销日本商品。日本政府握有主权，而荷兰也乖乖地进行商业活动。但对明朝则是占领、抢劫、掳掠、拘捕中国人，再以此为要挟，要求垄断贸易，这是不会被任何国家接受的。

不过，明朝的真正问题在于，皇室是农民出身，大臣又有传统农业文明的思维。而日本是海岛组成的国家，早已熟悉海洋与贸易的交易管理，所以一开始就知道怎么处理这些远道来的海船海商。而明朝只会坚持朱元璋的祖训和朝贡贸易体制，没有一个整体的外交政策与贸易管理方法。除了月港和澳门[1]，并未开放任何港口作为贸易口岸，以致欧洲国家想来中国做贸易，都只能自己摸索。由于进入无门，就只能靠人际关系，而在东亚活动量最大的，无非是华商，包

---

[1] 澳门还是因为官员受贿，把土地出租给葡萄牙而成惯例，并非政策上的有意为之。

括了广东、福建、江浙、安徽等地的海商。所以 1604 年韦麻郎到澎湖，就是靠大泥的华人海商引介。而海商中，也不乏海盗转型。一如荷兰也在海上抢劫，那是一个海盗、海商难分难辨的年代。

海商都是以自己的利益为优先，他们只想赚取运作人事关说、交易中介的费用，因此如何维持一个稳定的长期交易，或者建立一个长期交易的秩序，并不是他们能够决定的。尤有甚者，他们甚至更希望没有交易秩序，或明朝增加贸易门槛，让交易不容易进行，如此更能增加交易成本，中间人便有更多获利的机会。

荷兰的问题在于，第一次所托非人，韦麻郎找的对象是宦官高寀，那是在福建人人厌恶的"税珰"，荷兰和他勾结，买通的金额外人都知道，如何可能成事？1622 年这一次则连华商都不找，直接以武力相向，连葡萄牙、西班牙都一起攻击，行径甚至比海盗更暴力，因为海盗至少不会俘虏中国人去当奴隶。而一旦被认定为海盗王国，荷兰就很难在中国做生意了。

到了 1624 年初，站在第一线的雷尔生已经知道事情不是巴达维亚想象的那样。明朝不是小国，武器虽然落后，但战略、战术并不差。但雷尔生的忠言逆耳，似乎没有发挥作用。巴达维亚写给荷兰总部的报告还是霸权心态，完全自认有权垄断中国贸易，阻绝欧洲其他国家的交往。

虽然说，这可能是东西方文明交会之际，两种思维方式所导致的冲突，然而，更早来中国贸易的葡萄牙、西班牙却未如此，他们反而结合中国民间海商，不管是海盗、海商、走私商，以交易为上，商人图利自己，一切反而进行得较为顺利。

有意思的是，此种原则，似乎对中国的经商贸易，一直是很有效的。这不仅在十七世纪为然，透过中间商的交易方式，即使在二十世纪，各国家间的贸易往来，也一样延续着。这就意味着此种方式能够有效运作，才能延续几百年至今。

9 明军的绝地反攻

澎湖的冬天吹着寒冷的海风，草木在秋季开始枯黄，到了冬天，小岛更显荒凉。贫瘠的土地，再加上缺乏粮食，主食也不像欧洲的面粉制品，而是煮得稀稀的米粥，没有肉，鱼不够，又缺乏从中国运来青菜水果，衣服不足以御寒，士兵生病，再加上被南居益和谢弘仪抓了司令官、两个商务员以及五十几个人，整个澎湖议会的攻击行动，宣告完全失败。雷尔生和巴达维亚都在焦虑愤怒之中。急怒攻心之下，决定不管如何，要对中国展开报复。

巴达维亚总督卡本特在 1624 年 3 月 4 日给荷兰总部的报告中指出：

> 澎湖评议会获得船队的不幸遭遇和中国人虚假圈套的消息后，决定集中现有的力量，即 Orange、den Englsche beer、Eramus 等船，给中国人以强烈的回击。该船队于 1 月 20 日自澎湖越过海峡，并得命首先要到中

国北部沿岸，然后南下，尽力给中国人以打击，并尽可能地捉获中国人，扣押相当一批中国人之后，派一条或两条船载运，径直驶来巴达维亚。

我们无法想象，中国人对我们的人设虚假圈套的目的何在，或许是对最近我们对前往马尼拉的中国商船大事劫击的报复，或者中国人想打消我们对进一步谈判的任何希望。事实证明，他们这样做似乎为后一目的。我们的两名翻译在厦门遭到斩首，并将其头颅高悬示众。此外还有更多的人，因被怀疑曾与我们有过联系，或帮我们说过话，而受到牵连。从大员的冒险商那里得知，中国人想利用这种方法，来对我们施加压力，因为他们对我们的势力了如指掌，我们根本无力与强大的中国为敌。[1]

荷兰从澎湖派出的几艘大船和快船，先北上，从浙江沿海开始，一路烧杀，遇船则抢，抢完再烧，上岸则劫，劫完抓平民，带上船准备送去巴达维亚当奴隶。但奴隶要活着才有价格，他们也是要吃饭，有时粮食不足，就把他们丢下海去喂鱼。利邦上尉的日记里，写得赤裸裸。

然而，四面出击也让荷兰明显感到兵力不足。能派出去中国沿海的兵力只有三条船，一百九十九人，留在澎湖则有

---

[1]程绍刚译注《荷兰人在"福尔摩莎"》，联经出版，2000年，第41页。

两百八十人，其中有四十人生病；另有一百多人在大员。即使如此，他们仍捕获了两百二十名中国平民。

走到这一步，等于宣告全面开战了，还有什么和谈的机会？

但矛盾的是，巴达维亚总督卡本特竟还在想"问题在于是荷兰先撤退？还是中国先开放贸易？"1624 年 4 月 2 日卡本特跟明朝的代表陈士瑛和黄明佐再度会谈，当天卡本特还给雷尔生写信提道："中国人先开放贸易比较容易，如果开放贸易后，荷方仍然不离开澎湖，中国人可以关闭；如果撤离澎湖定居大员而他们又阻碍大员的贸易，那我们岂不是两头落空？"4 月 18 日的信里面再度提道："只要我们在大员能享受到贸易，而且中国人不再前往马尼拉，我们就从澎湖撤退。"

然而在此之前，在下令全面攻击的 3 月 4 日卡本特的报告中，他还写道：

> 就馈赠厚礼而言，我们的机会不能与敌人（澳门的葡萄牙人和菲律宾的西班牙人）相提并论，他们赠送厚礼，是因为长久以来得以享受贸易利益，而对我们来说，赠以厚礼是否奏效，尚无定论，为此耗费巨资，恐怕得不偿失。况且我们若只赠送厚礼而无强权做后盾，也将一事无成。强权可产生威力，施以重礼更加如虎添翼，二者正是我们目前所急需的。因此我们认为，一旦

我们的势力无助于中国问题的解决，您的新训令也无法实施，不如控制住局势，再试图一方面以怀柔的政策，另一方面通过截断往马尼拉和除澎湖、大员和巴达维亚以外其他地方的航路，使事情取得进展，而无须不自量力冒险采取大规模的行动。这样做的优点，我们不可轻视，如此可避免因冒险而导致失败，而且不会遇到太多阻碍，打通我们的梦寐以求的中国贸易，我们肯定可以达到这一目的。

很显然，卡本特想玩两手策略，一边军事攻击，加大压力，一边收买明朝官员，让明朝让步。

问题在于，他们遇见的是南居益。而福建沿海居民在荷兰的攻击下，家园残破，天怒人怨，商周祚都被调职惩罚，收买还能有用吗？

至此，令人不得不怀疑：是荷兰人的思维方式根本与中国人不同？还是荷兰人太天真，真的认为以武力压迫，就足以让明朝低头？或者，荷兰人真的太不了解中国？一如西班牙曾以为攻暹罗就可以让明朝发抖投降一样？

1624 年 2 月，趁着腊月寒冬，澎湖的北风吹得正猛烈，荷兰人大多躲在堡垒中避寒的时节，明朝军队悄悄绕过马公岛北方的吉贝屿海面，从白沙湾上岸，进驻了马公岛的北端，一步一步，默默建立堡垒，从陆上进逼荷兰。澎湖四边临海，福建人本来就熟悉它的海象、礁岩、地形，此时更懂得利用各岛屿掩护，进行部署。

这一场澎湖反攻，战略指挥是南居益，操盘是谢弘仪，在前线指挥作战的则是俞咨皋，副将则有王梦熊等人。为了指挥前线，南居益曾到一水之隔的金门视察，看水师的装备与战力。

南居益的总体战略是：荷兰人船坚炮利，海战占尽优势，可是士兵只有几百人，火力有限，也不可能全面防守澎湖所有岛屿，既然海战难以取胜，就从陆地步步进逼。从马公岛北边的白沙上岸，建好堡垒，步步为营，向妈宫、风柜尾堡垒推进，最后逼到荷兰人无路可退，只好出海。

2月8日，荷兰士兵已经在"澎湖群岛最北边的那些岛屿看见四十到五十艘戎克船，不知道他们为何目的而来。据中国人说，那些戎克船是战船，他们当中有一个总兵（Scheompie）的官吏，他要来跟我们交涉再度互相休兵停战之事，我们到现在还没看到他们，但会留意他们的意图，并提高警觉。"

很显然，俞咨皋的策略是不要打草惊蛇，先安抚说是来谈停战休兵的，再悄悄把部队推进到马公岛的北边。但雷尔生的警觉性也很高，他派士兵去视察。毕竟才刚刚上了南居益的当。

但此时雷尔生面对的周边情势，情况相当复杂，不容易下判断。

巴达维亚那边，传来的消息说，陈士瑛和黄明佐仍在与总督会商，如果退出澎湖，开放贸易是有可能的。但不知道要先退，还是先贸易，两边争执不下。

福建那边，士兵已经在澎湖北边上岸，说的是要和谈，但来意不善。

台湾那边，好不容易才建了堡垒，让士兵停驻和保存货物，和福建那边来的贸易才刚刚开始建立关系。真正要做生意得看去年跟李旦订的生丝能不能来。

马尼拉那边，海上的封锁还要进行。去抢劫戎克船，至少保证得到利益，要有一点获利，才能够弥补支付这么多佣兵、船只、补给、维护等等的费用。有一点收入，表示未来有希望获利。这是东印度公司的股东最在意的。

四边的状况错综复杂，而澎湖的兵力又分散到各处，实在没多少兵力可用。雷尔生的压力确实很大，因此他一直跟巴达维亚说，想要乘"最早的下一班船离开澎湖，因为任期到了"。言下颇有心力交瘁，不胜负荷之感。

此时，大员的生意仍旧在进行。有时买到冒险的福建商人带来的货品，有时用很便宜的价格买到中国海盗不知道那里抢来的丝绸和食品。荷兰人让大员变成海盗交易洗钱的地方。但他们知道，这太不稳定，不可能成为一门生意，还是要有常态性的商人来交易才好。

3月4日李旦从日本到达大员。

利邦上尉写下荷兰人对李旦的观感：

3月4日李旦船长抵达。这样称呼他是因为他脱离了明朝，在中国富甲一方。他有亏职守，在海上拥有五十多艘船，和中国船队一样多，在海上尽其所能到处掠夺，能到手的都不放过。他敬拜所有神祇，却与所有人为敌。自称来维护我们的安全，同时也寻求我们的保护。不久之后我们和中国人之间的和平便部分达成（作者注：此处是指在台湾经商的大陆人）。他在一艘中国式大船上载满各式商品，和台湾岛上的人交易。最常见的是鹿皮和鹿脯，带到日本去出售。他和我们交易频繁，也证明西班牙人对中国人说的不是事实——西班牙人说荷兰人从不靠岸，只在海上漂泊，肆行抢掠。他是个有信用的人，于是成了我们和中国往来的第一座桥梁和中间人。而他从双方得到丰厚的回报和礼物。合约中也规定他要坦诚，主动向明朝投诚，以恢复原来在明朝的职位。[1]

利邦的此一观点很重要。它说明出荷兰在和明朝打交道的过程中，一直缺乏一个中间沟通协调者。原本有一些中间人，例如洪千总者流，他们有明朝官方的身份，虽然不高，但总是合法的代表，但在荷兰的纪录里，他知道荷兰人在澎

---

[1]［瑞士］艾利·利邦（Elie Ripon）：《利邦上尉东印度航海历险记：一位佣兵的日志（1617—1627）》，赖慧芸翻译，财团法人曹永和文教基金会出版，2012年，第132页。

湖需要物资，总是利用出来谈判的机会，夹带部分商品，如
生丝、啤酒、蔬果等，卖给荷兰人，自己私下图点小利。结
果船上其他人向官方告发，便被南居益以"通敌"罪名给抓
起来，后来处决了。而对荷兰有沟通角色的陈士瑛、黄明佐
还在巴达维亚，此时有李旦当中间人，而且有生意做，可完
成东印度公司交待的获利任务，可见李旦的重要性。荷兰人
非常高兴，予以全部的信任。

不过，荷兰人也见识到台湾有名的大地震。这可是在澎
湖还未碰到过的。

> 这个月（3月）8日，地震再次发生。震动如此猛
> 烈，我以为堡垒都要塌了。还好没什么要紧。只有一名
> 哨兵从岗哨掉了下去。他人当时在里面，掉下来后开始
> 大叫："是哪个魔鬼把我扔下来的？"然后站起身来回去
> 执勤。[1]

然而澎湖的情势急转直下。由于明朝派到马公岛的士兵
越来越多，大员这边也接到指令，要把这里的堡垒夷为平
地，全部撤退。雷尔生很清楚，明朝士兵人数众多，可以用
一百个打他一个。更糟糕的是很多人生病了，因此都不愿意

---

[1]［瑞士］艾利·利邦（Elie Ripon）：《利邦上尉东印度航海历
险记：一位佣兵的日志（1617—1627）》，赖慧芸翻译，财团法人曹永
和文教基金会出版，2012年，第133页。

开战，宁可待在堡垒按兵不动。以荷兰人有限的兵力已没有能力固守两个堡垒，最后只能弃台保澎，全力保住一个。

1624 年 3 月下旬，利邦上尉的日记里写着："拆毁堡垒之后，我们从大员前往澎湖，二十六人全员安全抵达。"

回到澎湖之后，荷兰的舰队在海上搜寻，想要去攻打从海上来的明朝战船，以及抢夺补给船。他们在澎湖北方的岛屿之间搜寻，没有太多收获，直到 4 月 12 日终于逮到一艘明朝补给船，载满各种食物和补给品，这正是荷兰最需要的。他们天天向巴达维亚求助，偏偏补给来得非常少。不得已，荷兰人也只好到大员寻找补给品，载回鹿脯、母鸡、小山羊、柳橙、柠檬等等。

5 月 10 日，李旦从福建来到澎湖，他带了两个使者，表明是要来和谈的。但荷兰认为他们是想"近距离接触这些给他们带来诸多困扰的人"。荷兰人质问使者，当初派去的谈判使者（指福朗克和商务代表等被俘虏五十几人）下场如何了。明朝使者只说那是一场误会，当时他们对荷兰人太不熟悉了，现在一切重来，很高兴可以加倍偿还。

荷兰人所不知道的是，福建官员为了逼迫李旦出面劝退荷兰人，把他在福建的联络人也是商务上的合伙人许心素的儿子给逮捕，作为条件，要他出面处理。

这一场谈判，谈了近一个月，双方起草合约，来来回回讨论。但没有谈出具体的结果。海上的战事也停了。没有战争，李旦又恢复生意人本色，载了福建买的生丝和货品，去大员卖给日本人。

此时明朝没有停下脚步，继续增兵，建筑防御城堡，向妈宫这边推进。看起来谈判只是缓兵之计。

从2月到6月，明军分成三个梯次登陆，第一波由守备王梦熊领军一千三百人，登岸白沙岛。第二波是由都司顾思忠率八百人，至镇海和王梦熊的前锋部队会齐；第三波则由副总兵俞咨皋、游击刘应宠和澎湖游兵把总洪际元所率领的攻荷主力军，亦于5月抵达澎湖，总兵力已达到三千人。当年抗倭大将俞大猷的儿子俞咨皋则受命为专任剿夷司令。

他运用兵力优势，从陆地包围，让荷兰逐步退到风柜尾一带的城堡里。同时也切断荷兰军的淡水水源。另一方面则从海上派出几十艘战船、火船，去向荷兰大船示威，形成海陆合围的强大压力。

我们的人见中国人的兵力与日俱增，同时听说中国皇帝已下诏令与我们宣战，福州、广州和南京所在的三省，得到皇帝的旨令，要坚持作战，直到我们被赶出澎湖和中国行政管辖范围以外的地方。除驻扎在澎湖列岛的中国军队外，上述三省集中了令人难以置信的大量军队、战船、货船和沉船备战。中国人天天在向我们逼近，已到达澎湖岛附近，并在我们的城堡前面聚集了大批的人和船。我们发觉，中国人真正大动干戈。鉴于我们兵力薄弱，无力抵御中国人的进攻，而且我们的饮用水源将被中国人切断。此外，我们停泊在湾内的舰队将受到中国火船的极大威胁；即使我们能抵御一段时间，最终仍将因寡不敌众，在激战中败北而不得不撤出澎湖。中国的法律不容许外族人占据中国行政管辖内的地区，与其等到最后不能与中国人达成适当的协议，不如撤离澎湖，签订条约，公司也可避免一场激战，到大员开展贸易。若中国人不守信用，我们随时都可用兵攻占（因澎湖地理位置重要)。[1]

荷兰人面对四面八方的进逼，由于兵力悬殊，在澎湖也没有办法出战，只能一步步退回城堡。但城堡的支持有限，特别是食物补给缺乏，只能从大员向当地中国人购买，再运回澎湖。此时的雷尔生已逐渐明白，澎湖确实太难防守与补给了，还不如台湾。

澎湖战云密布，海上船舰云集，战火一触即发。

---

[1]程绍刚译《荷兰人在"福尔摩莎"》，联经出版，2000年，第45—46页。

10　神秘的谈判商人李旦

　　福建巡抚南居益也不是好战嗜杀之人，他的战略核心，只是要逼得荷兰人离开澎湖，至于荷兰人要退到台湾，或者直接退回巴达维亚，他并无特别主张。

　　因此，他要李旦在泉州的手下许心素去说服李旦，让他去澎湖帮忙劝退荷兰人。而此时的台湾，李旦的合伙人颜思齐已经带着他的结拜二十八个兄弟，十几艘船，几百个水手和战士，抵达了魍港。距离大员港只有一水之隔。从李旦的利益来说，最好的方案当然是劝荷兰到大员，因为他已经向荷兰拿了生丝的订金，未来继续合作，他可从福建取得生丝，转手卖给荷兰，赚中间差价。同时与荷兰合作，也可以避免被荷兰船打劫。这对拥有日本御朱印状，往来于日本、福建、澳门、台湾、马尼拉、马六甲之间的船商李旦而言，是一层必要的保护伞。

　　魍港即是今天的嘉义布袋港。颜思齐是漳州海澄人，生于漳州海沧青礁村，自幼习武，有一身武艺，以裁缝为生，因杀了"宦家之仆",流亡到日本长崎县平户,靠裁缝为生。他为人义气豪爽,与福建往来船商相熟,也帮着卖丝绸等。后来与一帮船商结拜,成为二十八个结义兄弟之首。[1]

这个时代,平户、长崎是对中国开放的门户,日本人称中国人为"唐人"。依据统计,唐人至少有两三万人。以致长崎有一幅古画,画着唐人船商到达之后,手捧船上的保护神妈祖神像,带着船员,到唐寺路游街。

而长崎一地,仅仅1624至1629年,就有三间寺庙建立起来。分别是1624年起建的兴福寺,由于供奉者以江浙一带唐人居多,又被称为"南京寺"。1628年起建的福济寺,供奉者以漳州、泉州人为主,故也被称为"泉州寺"或"漳州寺"。1629年起建的崇福寺,供奉者以福州人居多,故被称为"福州寺"。三寺后来被合称为"三福寺"。设想五年内有三间唐人寺庙建起来,可见到日本经商的中国人之多,资金要够雄厚,信众也要够多。

颜思齐便是唐人在日本急速增加的年代,居住在平户。他碰上丰臣秀吉时代结束,德川幕府承平时代来临,商业繁荣的好时机。此时与颜思齐结拜的兄弟因不满日本对唐人经商贩卖的诸种限制,特别是规定进口货物的买卖价格,让中国海商损失不小,因此想利用众多唐船与唐人的势力,趁机抢夺平户港口,占港为王,取得贸易主导权。

---

[1]有关颜思齐更详细的历史,请见杨渡《1624,颜思齐与大航海时代》,九州出版社,2021年。

颜思齐起初甚为小心，步步为营，认为此事不能泄露，否则有杀身之祸。然而在众兄弟的起哄之下，他逐渐心动，遂与众兄弟相约起事的日期，却不料事前因为一个结拜兄弟喝了生日酒之后，回家告诉日本籍的妻子，某月某日不要外出，我们即将起事。那日本妻子好意去告知她做生意的哥哥。那哥哥和日本官府相熟，便去告诉官府。起事的机密便爆开了，官府开始抓人。

也幸好，结拜兄弟中，有一个郑芝龙，他年纪最轻，是结拜兄弟中最小的。他长相英俊挺拔，娶了一个日本妻子，刚生了儿子叫郑森，丈人正是在那官府做生意的人，听到了官府要抓人的消息，赶忙告诉郑芝龙，要他尽快逃亡。郑芝龙随即通知颜思齐和众兄弟，所有人相约到港口上船，火速撤离。

此时，日本官方派出追捕的人也追到港口，幸好船已备好，用炮轰了几下，日本官府不敢再追，便逃出港口。到了海上，颜思齐让船先暂停于海上，把结拜兄弟从各艘船上找来开会，商讨未来出路。有人说要回舟山群岛，当商港基地。但有人认为，一旦回到中国，船员与兄弟各自归乡散去，力量便薄弱了，不如到台湾去。此时台湾正是无政府状态，且以往颜思齐曾帮李旦到台湾经商，熟门熟路，船商、移民汉人多有相识，大家都熟悉台湾环境，要肉有肉，要酒有酒，要做生意，日本人、荷兰人、泉州、漳州、琉球、马六甲等，各路人马都会来，把台湾当转口贸易站，建立基地，才是长远的打算。

于是船一开，十几艘船，七八百个兄弟便浩浩荡荡来到魍港。颜思齐的结拜兄弟认为，此次既要立基于此，长久营生，不能随便搭草寮就算事，更何况几百人要长住，营舍饮食、作战训练，也得有个规划，必得建好水寨山寨，万一有军队来攻，或者官兵围剿，都要能应付。

这些结拜兄弟都是海船上的领头人物，能文能武，各路能人，规划不是难事，便开始比照明朝水师在泉州水寨的布局，建立十寨。这十寨分别有：主寨、右寨、左寨、粮草寨、海防寨、哨船寨、前寨、后寨、抚番寨、北寨。[1]

每寨各有功能，颇像梁山泊一百零八条好汉的思路，但又有长期开垦，生活下去的打算，所以有开山抚番筹划，占地面积不小。整体而言，战斗意志非常浓厚。

颜思齐在魍港、北港的经营，不仅开启了云林、嘉义一带的垦拓史，也对台湾历史有着重大的影响。如果不是他的开垦，就不会有郑芝龙接续他的海上事业，也就不会有郑成功来台湾建立反清复明根据地，更不会有驱走荷兰的军事行动，则台湾历史恐将改写。

不过这是后话，我们还是回到 1624 年，处在剑拔弩张时刻的澎湖，8 月 3 日这一天，巴达维亚派来的新任长官宋克（荷兰语：Martinus 或 Maarten Sonck）终于抵达。

---

[1]有关颜思齐更详细的历史，请见杨渡《1624，颜思齐与大航海时代》，九州出版社，2021 年。

宋克是一名法学博士，1618年以律师的身份离开荷兰，中途在好望角停留一小段时间，1620年到达巴达维亚，后被任命为东印度公司评议会委员。1621年攻占班达后，被擢升为班达长官。1623年被指控浪费枪支弹药，调回巴达维亚，来年再度被任命为"澎湖长官"。1624年6月带着代表福建巡抚的代表陈士瑛和黄明佐一起离开巴达维亚，准备到澎湖接任。他们航行过马六甲，陈士瑛他们看情况不好，一度脱离宋克的船队脱逃，后来又被抓回来，押着一起来到澎湖。

宋克一到，就发现情况不妙了。

> 我抵达澎湖的时候，中国人在从我们城堡看得见的澎湖（指马公）的最北边的岛屿上面建造一个要塞，那里面约有一千个士兵，此外在那要塞下面停泊一百五十艘战船和火船，每艘都配备着士兵。[1]

事实上，荷兰已经被四面包围，只剩下风柜尾的堡垒。

而风柜尾三面临海，与马公的连结，也只有一道细长的莳上澳，荷兰掘断深沟，派船扼守。明军则打算先攻船，再攻城。船不保，城便无人可守。此时荷兰怕堡垒里的中国人商民会变成内应，内外交攻，便决定把他们都先放走，让他

[1]见江树生主译/注，"国史馆"台湾文献馆主编《荷兰联合东印度公司台湾长官致巴达维亚总督书信集I（1622—1626）》，南天书局，2007年，第109页。

们出堡。到了这地步，荷兰只能靠大船绝地死战。而死战也守不住澎湖，陆地上的明朝大军与火炮，都不是荷兰的数百士兵可以抵挡的。

宋克其实别无选择，只有和谈一途。

宋克先派人去明朝要塞那边，希望与"总爷"（指此次征讨的司令，俞咨皋）谈判，但被拒绝了。他又请使者陈士瑛和黄明佐帮忙出面，他们也死活不肯。而派去沟通的人还被俞咨皋下令不许再来，除非承诺拆毁澎湖城堡并离开，否则一切谈判都不必说了。

雷尔生想来想去，最后也只有李旦还可以使唤，担任沟通的桥梁，便赶紧派人去大员把李旦找来。事实上，荷兰已经求李旦很久了，可是他生了病，在台湾那边不肯过来。而此时，颜思齐一伙人正在魍港大兴土木，搞十寨。李颜两个人本是合伙人，面对荷兰变局，得好好商量才行。

但在宋克的催促下，李旦不得不在 8 月 17 日到达澎湖。李旦同意担任中间人，但他要求荷兰人必须把巴达维亚的条件告诉他，否则他谈了什么条件，两边都不接受，也是白谈。

宋克告诉他，巴达维亚同意可以撤离澎湖，如果中国人允许中国船商到其他地方，如大员、巴达维亚以及公司的其他驻地，去进行交易。这一点李旦很乐观。但是荷兰人提出中国必须放弃航往其他地方贸易时，李旦就不乐观了。他很坦白地说，现在明朝兵临城下，你还提这个，不会有好结果。

荷兰人只好同意了。

就这样，李旦开始派人在两边周旋，把两边的条件谈到彼此可以接受。最后，双方终于决定签署协议：东印度公司澎湖评议会决议拆除澎湖堡垒，撤退到大员，在以前拆除城堡的地方，重建一座新的城堡，并在它的对面建一个商馆。

在利邦日记中，协议内容大体如下：

> 合约是这么定的，首先我们应离开澎湖，前往"福尔摩沙"岛的大员，我们也应离开中国海岸。我们的船只除因风浪飘抵，不得再前往。还有他们每年将派遣三四艘船到巴达维亚，载满各种常见商品带到大员，堡垒建好之后，那里有挂荷兰旗号的商船，会收下我们带去的商品，也会收下他们的商品，包括生丝、天鹅绒、缎、锦缎等，还有各种丝料和布。至于我们荷兰人，则不让他们的帆船到马尼拉；如果依然前往，将被荷兰人逮捕，中国的皇帝和各省大吏不可申饬。他们载来的商品，不可有假；若是他们自己弄错，便将商品置于广场，堆成一堆，在载运货品的中国人面前烧毁，他们的生死则由我们决定。至于我方出售的金、银、檀香木、胡椒、丁香花蕾、肉豆蔻，或其他他们想要的东西，如果有假，也当着我们的面丢入海里，并依他们的意愿，处以与商品等值的罚款。如此我们将不再受海盗之苦，若我方逮捕海盗，将押解至"支那"船长处，所有犯人都应该维持活口，中方和我方皆然。交换之后，将其释放，自由

回国。至于"支那"船长，可以自由回国，一如从前。而费用和赔偿，双方彼此对消补偿。这就是和平协约的内容。

直到此时，宋克才终于在给巴达维亚的报告中坦承：

我的前任在中国沿海弄得全中国对我们都极为愤恨反感，直把我们看成谋杀者、强暴者、海盗，就像黄明佐以前说过，他回中国以后也如此说的那样。那时攻打中国的情形，的确很激烈，也很残忍，据我的看法，用这种方法是永远达不到通商的目的。我们相信，要用其他更温和的方法，才能通商交易。

真希望当初我们没有来这中国沿海，也真希望您阁下把中国人的兵力以及此地的一般情形和特殊形势，在司令官雷尔生阁下离开巴达维亚以前，就详细地告诉过他。如果这样，也许全中国，甚至"国王"本身，就不会对我们这么的反感，这么的怀恨报复。现在，我们必须先把所有这些问题和其他很多障碍和灾难尽力挪开消除，使我们重见天日，才有可能使公司获得期待良久的丰富的中国贸易的成果。[1]

---

[1]见江树生主译/注，"国史馆"台湾文献馆主编《荷兰联合东印度公司台湾长官致巴达维亚总督书信集Ⅰ（1622—1626）》，南天书局，2007年，第113—114页。

就在荷兰人全力拆除的过程中，9月12日，带队的明朝司令官俞咨皋在完成逼退荷兰人的任务后，准备离开澎湖。李旦也跟随他回到厦门，要去向谢弘仪、南居益报告澎湖的战况与结果，也请他们释放许心素的儿子。

宋克如此形容离开澎湖之前，俞咨皋的模样：

> 以大官的姿势和优雅的风度来访问并视察这个城堡，畅谈这城堡拆毁后的情形。他站着跟我们喝酒，但要坐下来时，虽然食物已经摆在桌上，他谢绝了。他要辞别时问我们，要不要让您阁下派来觐见军门的使者跟他一起去，我们谢绝了。[1]

这一段很妙。很显然俞咨皋可能喝一点酒，但不愿意碰食物，怕被下毒。因去年10月，他们才对荷兰谈判使者下过毒。而宋克也不愿意派使者去厦门，怕被扣留，送去北京审判。双方你来我往，互不信任。

俞咨皋刚离开回厦门，雷尔生也搭上船前往大员，宋克留下监督收拾残局。

---

[1]见江树生主译/注，"国史馆"台湾文献馆主编《荷兰联合东印度公司台湾长官致巴达维亚总督书信集I（1622—1626）》，南天书局，2007年，第114页。

11 台湾小酒馆的争风吃醋

此时澎湖的场景带着一点伤感，断垣残壁，斜阳残照。使用两年的城堡已经拆除大半，只剩下一些堆积的石块、砖头、残木等，准备用船运去大员建新城堡之用，因为大员来不及找新的建筑材料。城头四边棱堡上的大炮也拆除了，放在大船上。所有军火和补给品也都要提前运往大员。由于大员会遇见什么情况不明，要先武装起来，防备随时发生的攻击。

荷兰的士兵三五成群，搬运着物资。疲倦的面容，无奈的眼神，望着残破的堡垒和美丽的澎湖湾。这一座堡垒，曾用尽力气，以各种克难的方法，找来澎湖能够找到的沙石和咕咾石，拼凑建筑起来，如今被迫拆除，心中当然不舍。但两年多的澎湖生涯，对士兵来说，却不是美好的记忆。太多的杀伐，太多的死亡，太多荷兰人也感染痢疾、发烧和不知名的病，死伤惨重。

雷尔生手下的第一副手、负责带兵打仗的谢灵（Chris-

tian Chelin）上尉，他刚生下来不久的孩子，在这一年
（1624）的4月死了，死于母亲没有母乳可喂。到了7月16
日，谢灵上尉也死了。可是才过了半个月，8月1日，谢灵
上尉的遗孀就热情如火地和下级商务员贝萨结婚。

利邦在日记里写着："他应该要戴铁盔，才不会长出角
来，因为她不只属于他一个人。"戴铁盔，意思就是戴绿帽
的意思。

谢灵上尉是少数被东印度公司特准带了妻子来澎湖的
人，但他连年征战中国沿海，杀人无数，却连自己的孩子和
妻子都保不住，妻子早已暗情滋生，遍地开花，丈夫死后不
到半个月就再婚。

谢灵既死，宋克抵达之后，把利邦升任为在他之下的第
一副手，担任上尉，以及大员堡垒的指挥官。但利邦自认为
不习惯受人指挥，也不想留下来担任军官，他的理由是因为
这里已无战事，他比较喜欢打仗，不爱和平。他答应服从，
仍在澎湖堡垒负责撤退，在大员和大陆沿海之间航行，直到
抵达巴达维亚，离职生效之日。

9月8日，雷尔生特地从大员回到澎湖跟宋克报告，表
示大员的堡垒比第一座澎湖的堡垒建造起来容易多了。9月
10日，中国人可能等得厌烦了，主动表示可以帮忙拆毁夷平
堡垒。荷兰人同意了。

这一下中国人来了两三百个，都是技术熟练的士兵，他
们没有留恋，三下两下，迅速帮荷兰做了所有该做的事。这

时，利邦带了两百多名荷兰兵站在堡垒的中央广场，荷枪实弹，备好火绳和鼓手，八门炮都有炮兵和号兵，手中拿着引信，如果有状况，随时准备击发。

三天后，堡垒的大门和其余的工事都拆除了。利邦上尉下了战时的口令是"奉上帝之名"，之前，这是给岗哨的口令[1]。利邦觉得离开澎湖，仿佛是"奉上帝之名"。第二天，在夷平的堡垒中，他下了最后一次口令，叫"born"，意味此后是新生。

利邦不是因为难过，所以用了这两个口令，而士兵也不会觉得舍不得，而是因为他们觉得忍耐很久，该重生了。

9月16日，利邦上尉带队，排好队形，击鼓，手中拿着火绳，走出夷为平地的堡垒，穿过那些废墟般的咕咾石碎片，穿过站在一旁监视的中国人，他们登上快艇"波墨仁号"（Pormoren），航过风浪，离开澎湖。离开这个他们占领了两年又两个多月的岛屿。

他们到达大员时，荷兰人的新堡垒开始建造，一段新的历史，缓缓展开。

刚到达大员的利邦上尉很兴奋，带着士兵跑了老远，看到种类繁多、数目众多的野生动物。他们开枪打猎，胡打一通，几乎没打到什么，却得到很大的发泄乐趣。士兵随便在

---

[1] 因为站岗哨时，每个人在夜间不好辨识敌我，所以有一个特别的口令。

草地就抓到野兔和野鸡，到河边烤了吃。利邦上尉跑到河边，想去看看一种全身是黄白小点的小鱼，想不到看得太专心了，不小心踩到一团泥，一个大栽葱，栽进水里。士兵哄声大笑，戏称这一条河叫"利邦上尉溪"。

大员早有许多各路人马在这里生活。一些市集的雏形也出来了。利邦日记里记载：在一条河边，日本人开了一间酒馆，有一天一个士兵在那里被杀了。据说他在那个酒馆里，为了一个女人，和另一个士兵起了争执，被捅了一刀。队上只好禁止士兵去那个日本的居酒屋喝酒。

当然，中国人开的店就更多了。

这个地方，像全世界各地的码头一样，显然是为了从各地前来的水手、大兵、军官、海盗、海商、掮客、妓女等复杂人等而存在，有中日混色的小酒馆、食铺、贩卖食物、补给的小店，来人中有日本人、中国人、荷兰人、马六甲人、非洲被抓上船的黑人等等。

此时的大员与魍港，已不是一个荒地，而是新兴的港口。

荷兰人要建的城堡，在比较靠近海边的沙质地上。

建城堡的泥土和石块不够，他们打听到消息，就到中国人的生活区，也就是颜思齐他们住的魍港一带去买砖头。

宋克跟巴达维亚报告说：

　　以前我们向您阁下报告过，我们正忙着在此地建造一个城堡。以应情势的需要。这个城堡的周围大致都已用木板围起来了，只有东南边还没有围起来，在那里我们计划要建造一个砌砖的房屋。因总爷的帮忙，我们已经取得约一万四千个红色砖头，以后还会收到大批的这种砖头。……我们也已经从魍港取得一批砖头和石灰，这几天还会从那里收到更多，等砖头和石灰都收齐了，也有了适用的工人以后，我们很想把这城堡的四周围都用砖头和石灰建造起来，这样我们就可以固守此地，不须离弃，除非您阁下命令要离开。[1]

可以想见，在荷兰之前，大员、魍港一带本来就有许多中国渔民、商人居住，后来随着福建人和日本人来这里做转口贸易，建起一些仓库和住房，好让来做生意的人可以长住。为了买货集货，或者等待福建来的商船抵达，或者为了等待南风吹起的返航，商人往往一住就是几个月。这些简易房屋已经不够，更有些可以供应吃住的商店给开了起来。

而福建漳州本就有烧瓷器的传统，烧砖块只是更容易的技术而已。随着漳州商人移民的增加，建筑房舍的需要，这些烧砖块的窑厂也建了起来。现在荷兰人有需要，正好卖给他们。

---

[1]见江树生主译/注，"国史馆"台湾文献馆主编《荷兰联合东印度公司台湾长官致巴达维亚总督书信集 I（1622—1626）》，南天书局，2007 年，第 144 页。

至于来此地的渔船、商船有多少呢？宋克的报告约略说道：

现在此地约有一百艘中国人的渔船来捕鱼。这些渔船载很多中国人来此地，这些人进入内地收购鹿脯和鹿皮，要运回中国。我们在此地，一切都安顿好以后，从这事可以获得一些利益来贴补公司沉重的开支与负担。据中国人甲必丹说，我们若进行此事，都督不会反对。不过我们想，要来执行此事，现在为时还太早。

中国人甲必丹（李旦）打算于再来的南风季节要离开此地，航往日本。他航离以后，日本人在此地的贸易情形会如何，我们还不很清楚。

如果有英国人或其他与我们友好的国家的人，在事先没有告诉您阁下的情况下，于再来的南风季节前来此地，要住下来，我们应该如何对待他们？对此请您阁下给我们命令，依便知所遵循。[1]

从信里可以看出，荷兰转到台湾，本来只是想找一个与福建贸易的港口，但现在却开始想进行直接的"统治"，包括想对中国渔船、收购鹿脯、鹿皮运回中国的这些商人商

---

[1]见江树生主译/注，"国史馆"台湾文献馆主编《荷兰联合东印度公司台湾长官致巴达维亚总督书信集I（1622—1626）》，南天书局，2007年，第144—145页。

船，抽一些税，以增进公司的利益了。但宋克也担心这么做，福建人和日本会不会不再来，所以他想等一切贸易顺利进行以后，再来着手。而宋克才刚刚到达不到三个月。

一个殖民者的心态，开始在他的内心产生。为了让东印度公司获利，寻找任何最大利益的可能，他在土地、生产物质、野生动物、贸易往来、进出商人、季节渔民、手工业者等，乃至于停留在大员的人身上，都想刮出一点油来。整个思路，已经从澎湖的海上打劫，慢慢转向长期获利的经营。

当然，海上打劫获利最快，而且可以打击西班牙人，这个工作还是要立即进行的。所以他到了大员不久，就依照李旦的指引，和合伙人颜思齐联络上了。他先是请颜思齐派戎克船去澎湖，以取回日本航寄过来的信件和物资（此时荷兰船还不能去，以避免引起争端）。

所有我们的船只都已经航离澎湖，不过我们从中国人甲必丹（李旦）的一个伙伴颜思齐（Pedro China）租用一艘戎克船，船上搭乘两名公司的人员，在预先告知王守备（按，即王梦熊），他现在担任澎湖的官长，并取得他的同意之后，于（1624 年）10 月 29 日出发，航往澎湖，要去等候即将从日本航来的我们的船只，要去把寄来此地的信带回来，把我们的信交给那些船只的主管，带去巴达维亚，并去秘密侦查那边的情形和中国人的活动。

然而，充满野心的宋克很快发现，颜思齐有七八百个人马，都是擅长海上冒险的船员、战士、海盗，他们已经在魍港那边建寨子，做长期耕耘的筹划，这些人，都是战士，不用太可惜了，于是他发出邀约。

> 我们再次跟此地的议员们商议如何使用此地的大船和快艇的问题，结果我们决议，为了公司的利益和打击我们的敌人，我们要在本月底或下月初派这些船只去马尼拉，并决定任命毛泽尔（Pieter Jansz Muysert）为这支舰队的司令官。我们要交给他们的命令和指令将于下次寄信时附寄给阁下。
>
> 此地有几艘中国人甲必丹和颜思齐手下的戎克船，我们希望他们会同我们的舰队去（马尼拉）为公司工作。上述甲必丹和颜思齐看起来也乐意这样做，事情将如此进行，因为我们认为他们会做得很好。

从福州回到大员的李旦和颜思齐商量之后，同意跟他的舰队去马尼拉"为公司工作"。

"工作"，就是拦截月港与马尼拉之间、澳门到日本之间的商船，抢劫西班牙人、葡萄牙人或中国人的商船。当然，中国海盗也一样在海上互相打劫，所以荷兰船也要同时作战。这个时代，各路人马，各展神通，抢到的，就是你的。

宋克甚至想找日本人去马尼拉当间谍，因为马尼拉也有许多日本人与福建人在经商，可以打听西班牙商船的进出消息，他们可以联络巴达维亚去拦截。宋克请李旦帮忙找。但生活于日本十几年的李旦说，这个想法走不通，因为住在马尼拉的日本人大部分是天主教徒，特别在幕府禁止天主教之后，许多日本天主教徒出去到澳门和马尼拉，这两个地方都是天主教信仰的国家。但荷兰人是基督教，他们不会有好感。

宋克把李旦的说法，报告给巴达维亚，目的是想提醒他们要小心东亚各地复杂的情势，其实也反映了生活于东亚的中国海商、海盗，对这些复杂的情势了然于胸，至少要知晓各地的社会秩序、风土民情、国家治理等，才能生存。李旦、颜思齐这一帮航行于大海的人，眼睛望向辽阔的世界。

聪明的李旦还给荷兰出了个"主意"，收买官员比直接打仗有效。宋克在 1624 年 12 月 12 日的报告里写道：

> 我们接到这个中国人甲必丹的报告以后，经与亲近的几个人商议之后，答应他，我们愿意酬谢他（那个都督）六千两（银）。这个中国人甲必丹乃令上述（许）心素将我们这承诺秘密地转告上述那个都督。我们也让上述总爷，即将到来的福州省都督，知道，如果允许我们在马尼拉航道夺取戎克船，我们也会酬谢他同等的

金额。

　　看起来，目前还不可能用禁令来阻止中国人航往马尼拉，不过希望到时候也能跟着用禁令来阻止。

　　这个准备用六千两收买的"都督"就是当年和雷尔生谈判的谢弘仪。打不过用钱买，至于这是李旦在骗荷兰的钱，还是真的有送给谢弘仪，就很难说了。在尔虞我诈的商战场上，李旦也不是生手。然而荷兰想透过李旦、许心素去收买明朝官员，让他们不反对荷兰人去马尼拉与月港间的航道，堵截往来商船，则是可以确定的。不过这些钱有多少是进入李旦的荷包，多少是进入官员的口袋，那就只有天知道了。这是明朝的潜规则。

12 南居益的悲剧命运

9月底，夏末的烈阳仍高挂在澎湖湾。

荷兰人退出之后，明朝的官兵也陆陆续续撤回福建，只是为了防备荷兰再犯，仍留下数千人守备。

海岸无战事，海风徐徐吹。

澎湖湾的渔民依旧在古老的海湾，张起风帆，出海捕鱼。一些小型的贸易船也慢慢回来，这是一些敢冒险的人，重新寻找商机。

战云散去，澎湖终于恢复了和平，过起寻常的日子。小孩子回到海岸边钓鱼玩沙。

福建巡抚南居益开始上奏，报告战役的经过与结果。他最感满意者在于，战略的成功。以奇计加火攻突袭，先挫败荷兰的气势，再利用冬天严寒的气候，登陆澎湖，以强大军力和配备，从外围筑城逼攻，不费一兵一卒，没有任何死伤，就赶走了荷兰，取得胜利。

这是东南沿海难得的一场胜利，他要将有战功的人上

报，谢弘仪、俞咨皋、王梦熊等第一线战将，乃至于参与筹
划到实际征战的中下级军官，上上下下，都得叙功领赏。赏
罚分明，才能鼓舞士气，带领作战。同时未来澎湖如何防守
也须要报一个方案。[1]

　　有鉴于荷兰占领澎湖这两年，对中国东南沿海影响太
大，不仅海上航运被拦截，月港贸易被切断，澳门航线被突
击，连广东运往福建的米粮航线也被抢劫，造成福建的米价
大涨，民生物资波动，穷苦的老百姓无以为生，更不要说沿
海乡镇的打劫烧杀，民不聊生，民怨四起。因此南居益给皇
帝提出的"善后事宜"包括了各方面的对策：设立澎湖游
击，增加防守兵力至两千一百零四人，增加了一倍多，全由
澎湖游击调度指挥，再与厦门、泉州的水师连结，形成共同
防卫。事权统一，增强兵力，提高指挥层级，如此才不至于
再发生荷兰占领澎湖两年余，竟无人能处理的情况。

　　此外，为了防守澎湖，他计划建设城堡。要"筑城浚
池，建立官舍营房。查得彭湖筑城去处，惟妈宫少宽，与风
柜水陆犄角，最称形胜。合无于此地筑城一座，四面各阔三
十丈，高一丈五尺，厚半之，约用银五百两。城内起（彭
湖）游击衙门一座，约用银一百五十两；（左、右翼）把总
衙（门）二座约用银一百两。又风柜仔守备衙（门）一座，
约用银五十两。游击衙门外起盖仓廒二座，收贮预备米粮，

[1]见《明季荷兰人侵据彭湖残档》，台湾银行经济研究室，1962年。

约用银三十两。陆兵计一千二百余名，大约以五名为一间，该营房二百二十余间，每间约银四两。哨官房舍二十余间，工料各加营房一倍，每间约银八两。以上通计用银二千余两，应于饷银内动支。"[1]

这个计划总共有数千字，详尽到连士兵营房、衙门、动支费用等等都算到了，他希望的是皇帝一旦批准了，就可以落实执行，不必再另上公文。

此外他也规划在妈宫、暗澳、风柜尾分别设立炮台，以形成三面防守马公湾之势。马公湾守住，以后就不再有任何人能攻下澎湖了。

而福建沿海的防务，就更加重要了。若无泉州、漳州军队、船舶各方面的配合，根本无法对抗"船坚炮利"的荷兰。因此他在人事、军费、内地防务等方面，都做了非常周详的规划。看得出来，南居益是一个爱国爱乡、深体民间疾苦，用心尽力，守护家园的正直官员。他也不仅是一个文官，对军事防务的诸多细节，乃至于军队士气与执行力会不会打折的问题，都周详考虑，有所筹划。

澎湖湾自此不再有外人来入侵，直到两百多年后，日本海军的出现。虽然荷兰人的大船仍常常来这里交易，但那是因为大员港的水太浅，有些荷兰大船的货物只能先在澎湖中转给快艇，再运回大员，或者由大员运来澎湖再中转到巴达

---

[1] 见《明季荷兰人侵据彭湖残档》，台湾银行经济研究室，1962 年。

维亚。

所有参与澎湖战事的有功人员都受到奖赏。谢弘仪从"镇守福浙总兵官"调任为"广东总兵官"、俞咨皋则补谢的遗缺，由"福建南路副总兵"调为"福浙总兵官"、王梦熊则因为攻打澎湖领军率先上岸，留下来守备澎湖，成为"澎湖游击"，其他人也都升了官。南居益是首功，升为总理河道工部右侍郎。南居益本是陕西渭南人，对治理黄河水患，仍有理想与热情。

不料，当时掌权的太监魏忠贤却忌恨他。魏忠贤对南方的沿海战役根本八竿子打不着，南居益又怎么得罪了他？原来他在叙功的时候，未先提魏忠贤是首功。

此时魏忠贤势力正如日中天，锦衣卫与宦官爪牙遍布中央与地方，全国各地官吏若要保得平安，一定要巴结送钱，甚至建生祠。和他作对的东林党，七个大学士都受到酷刑，惨死狱中，家人的牵连更不计其数。福建大儒周起元也是受害者，被刑虐惨死。

在辽东打仗的大将袁崇焕，本是正直而忠诚的武将，远在边关，和刚刚崛起的后金努尔哈赤大军作战，好不容易收复边境，取得胜利，但因魏忠贤大杀东林党，熊廷弼与辽东经略孙承宗都被撤换，袁崇焕屡受魏党错误指挥所害，边境不断败退。这情况逼得袁崇焕都不得不低头。为了让辽东战事顺利进行，他只好献金给魏忠贤，还为魏忠贤建"生祠"。所谓"生祠"，就是在人还活着的时候，就先为他建祠堂，以为祭拜祈福。他甚至自称九千岁，仅次于皇帝的万岁。嚣张跋扈至此，以致每一次有战功，甚至远至辽东战役，明明跟他一点关系都没有，他就是偏要把首功归于他。一代战将袁崇焕都如此卑微才能为国效命，保护疆域，更不用说文官如南居益了。

正直如南居益当然未曾想到，要把远在南方海岛的澎湖战役，归功于魏忠贤，他照实直书，赏罚功过，善后处理，条条陈述，未雨绸缪，乃至于军费细目如何支应，都交代得一清二楚。至于战争所用掉的兵饷工料、器械战船等费用，也报给了朝廷，并且已经过朝廷的核销。然而，只因未写到魏忠贤，皇帝给他的奖赏公文，被魏忠贤按下不发，随后，有魏党黄承昊竟趁机上奏，说他在闽事中用掉了太多钱，根本不符合规定，还得从福建的库银中还给中央，而且将他削职夺官，贬为平民。而其他一起战斗而升官的人，甚至为他报账而坚持没问题的官员，全都被削职降级。一切只为了怕南居益心中不平，朝中有人替他平反，所有相关的人都受到牵连。

福建人一听到中央来追钱，便知道又是一桩大冤案，人人愤恨痛心。特别是周起元已死于魏忠贤之手，如今有功福建反而受害，为收回澎湖而跨海决战的将士，为防守疆域而效命的好官竟有此下场，人人都死灰了心。心气难平的福建人还是非常感念南居益，有情有义的老百姓便刻意在澎湖、福建平远台为他立碑、建庙，来纪念这件事。然而，南居益终究回到家乡，成为一介平民，隐埋了三年多。他并不介意，但福建的海防，应该效命疆场的战士，灰心丧志，再不会有人想拼命决战海上了。

1627 年，天启皇帝死后，崇祯皇帝终于逐步除去魏忠贤和他的党羽，过了两年，南居益重新被起用。他痛心地给崇祯皇帝上疏说：

> 惟是以微臣一人之故，波及同事，举将吏功次，一概抹杀。回思数年枕戈露宿于鲸涛鳄浪之中，不知死者几人，生者几人，才为国家复得彭湖一块疆土，为闽人除却百年隐祸。当时非藉有功鼓舞，假功令激发，安所得其死命而用之？自臣去后三四年间，海波不恬，寇盗充斥，郑芝龙虽强，何如红夷，而流毒转惨，一矢鲜加。虽缘将领之恇怯，亦繇卒伍之灰心。夫不赏于前而责效于后，即使韩白登坛，亦无如此不就之人心何矣。今臣与三臣徼恩圣朝，再沾雨露，而共事诸臣及荷戈之士，尚抱沉郁之叹，臣等何以自安？[1]

南居益说得直白坦然，有功无赏，责效于后，谁要再为国家拼命？前线是灰心的兵将，连小小的郑芝龙，比荷兰弱小不知多少倍，都可以成为海上豪强。可见得人心已失，正

道不存。

南居益的这一份《总督仓场户部右侍郎南居益谨陈闽事始末疏》写于崇祯二年（1629），是除去魏忠贤不久之后。但他所陈述的闽事与国事，却像预言般的，预示了后来崇祯皇帝的命运。特别是"不赏于前而责效于后"，让崇祯变成一个"寡恩刻薄"之人。明朝帝国的命运，在南居益的文中，已经显露出来了。

忠诚的南居益和明末的许多知识分子一样，面临皇帝领导无方、刻薄寡恩、不知如何安抚百姓的困境。他曾为陕西的部队请命，希望皇帝减少征收当地的粮食三十万石，以留下来给军队作粮饷，因为军队已经有三十个月没有领到粮饷了。而这些没有粮饷的部队，一旦面临流寇如李自成的攻击，往往因为饥饿，被迫投降，很多军队干脆转向，投入流寇。当了流寇，至少有抢就有得吃。李自成就是这样壮大的。

南居益的请命，其实帮陕西稳住了局势，但他却得罪了守财奴的崇祯皇帝。后来他被派至工部，监督各种器械的制造。但因有军队试射大炮时炸了膛，主管官员被处分，他为那官员解释，竟被崇祯免了职，于是他又回到家乡。最后因为李自成流寇集团攻占渭南，他和堂叔南企仲家族一起被俘虏，被逼迫要从百姓身上拿出百万石粮食，他抗拒不从，历经炮烙折磨，最后绝食而死。大明王朝空有贤臣好官，却误尽国事，终至于亡国。

　　然而，最不可思议的是，在李自成即将攻入北京之前，就有大臣力劝崇祯皇帝南迁，把首都迁回南京，先立足南方再图反攻。以当时江南的经济基础，特别是繁荣的贸易、发达的工商业，大有机会与北方的流寇和大清一搏。换言之，由于丝绸、瓷器、茶叶、绵制品、手工业等等，所形成的国际贸易产业，已经发达起来，南方经济基础深厚，明朝可以据此为本，仍有再起的机会。可惜崇祯皇帝缺乏决断力，被北方为主的朝臣一驳[1]，廷议一争论，就不敢决断了。一拖延，时机一失，要南逃都来不及了。

　　荷兰从澎湖撤退到台湾，二十年之后，1644年，崇祯皇帝自缢于煤山，结束明朝在北方的统治。而不甘亡国的南明知识分子，以及南方的文武百官，包括郑芝龙，结合于南明旗帜下，共同抵抗，以至于有后来郑芝龙、郑成功父子的故事。但郑芝龙父子的故事太长、太曲折，那是"海洋之魂，自由之梦"的史诗，只能留待下一部故事再来述说。

---

　　[1] 因他们的家人产业都在北京，不想放弃而南迁。

13　澎湖与台湾，命运的定石

　　回到 1624 年，在荷兰方面，宋克到台湾之后决定改采
"柔和"的政策。他一方面和嘉义方面的颜思齐一伙人保持
友好关系，做好的汉人生意，尽量保持福建方面生丝、瓷器
的供应。另一方面，宋克更有谋略，改用送礼、贿赂、结交
上层权贵关系，来改善与福建官员的关系。他认为贿赂比枪
炮有用多了，而且可以省下"至少六倍的钱"。

　　李旦就是他送礼送钱的渠道。

　　他的方式是透过"贷款"，买通新的澎湖游击王梦熊、
叶大经等官员。所谓"贷款"，其实是先支钱给官员当订金，
礼貌上是请他们代为购买生丝、瓷器、铁器等，至于购买回
来的期限，约为一年期。这位官员只要在约定的时间内，派
人把货物送到大员来就可以了。当然有些官员给的货物，质
量不如预期，或者货品与当初的约定不尽符合。虽然中间有
一点争议，但只要官员不阻止福建的船商来大员贸易，让荷
兰可以向福建船商订更多的货物，那就是最好的交易了。

262

当然，这些支出的钱，荷兰东印度公司的"台湾分公司"都得向巴达维亚报告，再写入给荷兰总部的报告中，作为附件，台湾长官给了谁多少钱，后来回报如何，都有详细的记载。于是谁收了贿赂，谁干了什么事，卖出多少货，有人黑吃黑，都记得一清二楚。

历史，就这样被长久地记录下来。审判，也长久地留在无法抹灭的文件里。

至于长官宋克找了李旦的合伙人颜思齐，派船队一起去马尼拉"帮公司做事"，意即去抢劫马尼拉航线上的商船。颜思齐没有自己出马，他派出三艘戎克船，船上有几百名他的手下船员，由郑芝龙带队，出发航向海洋。

郑芝龙，字曰甲，小字一官，号飞黄（或飞虹），福建南安石井人，生于1604年4月16日。十八岁时到澳门，跟贸易商的舅舅黄程做事。他入澳后，很快学会了葡萄牙语，为了能够当上通事，替葡萄牙人作"捐客"，他很快受洗入天主教，教名尼古拉·贾斯帕尔（Nicholas Gaspar）。郑芝龙的教父是一位葡萄牙人，且家赀巨万。他视郑芝龙如同亲子，去世时，还将大部分财产留给了郑芝龙。郑芝龙后又随舅舅黄程往马尼拉贸易。天启三年（1623）7月，黄程派遣郑芝龙趁季风跟着李旦的船，押送白糖、奇楠、麝香、鹿皮等前往日本。郑芝龙自此在日本住了下来，娶了日本妻子田川氏，来年生下儿子郑森。居日时期，他依赖李旦的财势，发展对日、葡等国贸易，与颜思齐等人结拜为兄弟，日益坐大。1624 年，随李旦、颜思齐到了台湾。他曾短暂地当过雷尔生的翻译，所以可以跟荷兰人沟通无碍。

颜思齐指派他作为带队的领导者，率领三艘戎克船跟着荷兰人出航工作，在海上打劫，除了他的领导能力之外，语言能力也是很重要的一个因素。

他的船上挂着荷兰的三色亲王旗，和荷兰人的直接抢劫不同，他遇到中国船是先去收保护费，如果不交，再抢劫；如果乖乖交，以后在这个海域就会受到保护。那些受他保护的船商，也会变成他的耳目，消息特别灵敏。如此一来，他的势力逐渐壮大，发展成为一个大海盗。

但刚开始时，他仍是挂着荷兰旗，所有的保护费，或抢劫而来的收入，就得分一半给荷兰。很显然，郑芝龙不甘心自己卖命赚来的钱平白分一半出去，所以他也曾把四十几艘船停在外海，自己开了一艘破了的戎克船回大员，只说抢劫不顺，交出一部分的钱。荷兰人并不信任他，但也拿他没办法。一年后，颜思齐过世，颜思齐所带领的一伙兄弟七八百人，全部归他统领。在他拉帮结派的海上开拓后，日益壮大。过了两年，郑芝龙就脱离荷兰，不再挂他们的旗，也不曾回大员去交钱了。荷兰人对他也毫无办法。

在荷兰人的报告里，从 1624 到 1628 年，也就是南居益被削职夺官的四年间，郑芝龙发展壮大，变成拥有四百多条船，六七万人，在台湾、泉州、厦门一带，都有基地的海盗。荷兰人都惊讶地说："那个曾经当雷尔生翻译的一官，如今已成为海上的大海盗。"

而雷尔生，在荷兰人转到大员不久，于1624年11月回巴达维亚，随后在航返荷兰的途中，因病重去世，埋葬在大海之中，跟他丢入大海饲鱼的那些俘虏一样的结局。他没能看到，那个他在澎湖时代的小小的翻译员，变成一个让荷兰人都害怕的中国大海盗、大海商，以及最后是足以和东印度公司决战、抗衡、合作的一世豪雄。

澎湖，这个命运交会的岛屿，在风云际会之后，又发生了什么事？

1624年9月荷兰人离开之后，依南居益的建议，在天启五年（1625）以大魄力在澎湖部署了两千一百零四名官兵长期驻守，建立官署，并新设层级较高的"澎湖游击将军"统辖。王梦熊以当初驱荷之战，率先带队登岛，而留下来担任游击将军，他的副手叶大经则统辖澎湖水师。

王梦熊早年就以英勇著名，《泉州府志》中，记载他"生有异质，虎头豹颐，勇敢多奇策，力能提石八百斤，射则命中"，曾有成功反击海盗的记录。1622年，荷兰人刚到澎湖，就是由他出面去谈判。1623年与荷兰的厦门之战，他带火船烧毁荷兰船，俘虏了五十二人。1624年攻澎湖之役，他以勇猛而有战功。但在澎湖的任上，他却完全变了一个人。

在筑澎湖暗澳的防城时，明政府拨下五百两白银，他自己扣下经费，却叫驻守的士兵去海边采石头回来筑城，一天走十几趟，还不给工食，士兵怨声载道。更不堪的是他贪夺官兵的饷银，澎湖兵有两千多名，每兵每月有例银八分，共有一百六十两，都被他拿走。领低薪、吃烂米、摊派石工，有些士兵气得逃走，干脆去投入海盗，还回过头来烧了十几艘兵船。但他还隐匿不报。[1]

有意思的是，他不仅不防守海盗，反而和海盗勾结。有一次郑芝龙被厦门的官兵追剿，逃得没东西吃，他派船送了一头牛和大米过去。后来郑芝龙回报他奇楠、苏木、大椒等礼物，两个人结拜为兄弟。出手大方的郑芝龙甚至给他两千两白银，请他用澎湖的设备帮忙制造兵器弹药。两人交情至此，官兵帮海盗做弹药，差不多就是合伙人了。

至于其他福建海盗，也一样进出澎湖，和王梦熊来往喝酒，称兄道弟。海盗不会来抢澎湖，当然平安无事。但海盗却在海上壮大起来。

上位的王梦熊如此，他的副手叶大经也有样学样。由于大员水浅，荷兰大船吃水太深，无法停靠，所以日本、巴达维亚来的大船，都到澎湖，再由大员派船去交接货物。荷兰人为了怕引起澎湖守备的疑虑，也为了方便行事，尽力巴结王梦熊和叶大经。王、叶都拿过了荷兰人的好处，给予进出口岸的特殊待遇。王梦熊还曾声称是"探哨"，派手下运送牛、羊、铁、生丝、布匹、绸缎等，到大员卖给荷兰。叶大

---

[1]见何孟兴《明末澎湖游击兵力裁减源由之研究》，《兴大人文学报》，第49期，2012年9月。

经则收下荷兰人的订金，帮着去漳州买生丝。[1] 两个人都利用荷兰人赚钱。

这已经不是单一的个案，而是一个上下链接的共犯结构。王梦熊、叶大经作为澎湖的主官，皆如此行事，他们的手下当然有样学样地做起生意来。

然而，这样的王梦熊未免和《泉州府志》所记载的那"力提八百斤"的英勇形象差太远了。因此有人认为，由于南居益有功无赏，受到魏忠贤的打压迫害，福建的东林党人周起元又被宦官杀害，福建人灰心丧志，心态虚无，认为上层既然是非不明，底下何必为国卖命，虚无遂成自私，集体贪渎起来。激烈者甚至认为，朝廷根本功过不明，杀正存邪，无情无义，还不如海盗，虽然在海上抢劫越货，至少还有是非道义，讲一点人情义理。更何况，1626 至 1628 年福建干旱大荒，农民歉收，民不聊生，此时郑芝龙打着劫富济贫的旗号，帮助穷人，更号召了许多农民到台湾开垦，他的帮众急速增加。荷兰人说他迅速成为有六七万人的大海盗，也是在这个背景下成形。民间已不再相信朝廷，而更相信底层的正义。

明朝至此一步，已不是官僚贪腐的问题，而是国家价值的崩溃，明朝的国运已经非常危险了。

---

[1]见何孟兴《明末澎湖游击兵力裁减源由之研究》，《兴大人文学报》，第 49 期，2012 年 9 月。

明朝的命运，在荷兰人两度进驻澎湖的事件中，显现无遗。

澎湖，像一面命运之镜，照出明朝的最后结局。

澎湖的命运，也牵动着台湾的命运。

随着荷兰转移到台湾，1626 年，西班牙人不堪忍受荷兰人的抢劫干扰，决定从马尼拉派舰队来大员决战。但他们的船舰不够强大，看到热兰遮城的阵容，整个萎缩了，遂转而沿着东海岸北上，开到如今澳底一带，看到一个漂亮的岬角，他们以为这是一个世界还未曾命名的地方，于是用西班牙语叫它"Santiago"，后来闽南人用闽南语翻译，就成了如今的三貂角。事实上，住在北部的台湾少数民族凯达格兰人有它自己的名字。一如我们在前面说的"美洲不是从哥伦布才开始的"，台湾也不是从荷兰、西班牙开始的。每个地方都有它自己的生命史。

然而，无论如何，从 1604 年韦麻郎到澎湖开始，到 1624 年，荷兰从澎湖转大员港，与在嘉义开垦的颜思齐、郑芝龙等一伙人，共同形成一个既合伙海上打劫，又合作贸易的关系。等到 1626 年，西班牙人在台湾北部的基隆、淡水建立城堡，和南部的荷兰形成互相牵制的关系，台湾就开始成为欧洲强权角力的场所了。而他们的目标，毫无疑问地，都指向环绕在中国广东、福建、日本、马尼拉、马六甲、巴达维亚等，所形成的大东亚的贸易圈。这才是利益的所在。

台湾跃上了国际舞台，自此开始。

这个舞台，有如围棋的棋盘，一子一子地落下去。

十七世纪初的台湾，仿佛围棋的开局。像定石一般，从澎湖开始落子，布局定石，再落子台湾。大历史来看，颜思齐便是中国人的一颗定石，决定了后来郑芝龙的出场、明朝政权的落幕以及郑成功的收复台湾，乃至清朝的最后统治台湾。

至于延续到十九世纪的英国鸦片战争，清法战争、甲午战争的清朝割让台湾，其实英、法、日所有的战略思考，我们都可以在 1604 到 1624 年，荷兰人占领澎湖时，他们所提出的要求与战略思考中，找到脉络。他们都想占领台湾，目的是作为和中国贸易或进攻中国大陆的跳板、战略基地、补给站。

这种思维，是不是也延续到二十世纪美苏冷战的国际战略？

等到 20 世纪 80 年代末，在中国改革开放局势下，台湾是不是又成为国际贸易的基地？或进入中国大陆投资的战略要地？

等到 2019 年，中美贸易战打起来，美国仍想封锁中国、压制中国，不许欧洲国家或其他国家与中国贸易。这种思维，和荷兰当初强迫明朝只许和荷兰贸易，想用大船封锁明朝对外通商，有何不同呢？

1604 到 1624 年，这一段历史，像一根敏锐的探针，触及明朝和大航海时代最敏感的神经，从这一根探针，仿佛也探触到中国最敏感的、最宝贵的中神经。

结语：命运交会的岛屿

1　用电影的慢动作看历史

从 1604 到 1624 年，二十年的历史，对澎湖这个小岛，只是历史的一瞬，对明朝，更是东南海隅的小事。"红毛番入侵"事件，比起方兴未艾的北方流寇，比起辽东战役，动辄几十万人的生死存亡、流离失所，根本算不上是大事。但对中国东南沿海，对明朝的国运，对台湾的命运，却是决定性的时刻。

二十年间，荷兰人两度占领澎湖，但最终不敌明朝的驱赶，转入台湾。台湾自此成为国际列强瞩目的战场。西班牙、荷兰一南一北，占据要地，彼此争战。

对研究台湾史、明史、大航海时代的人来说，这是一段非常重要的历史。它涉及东西方文明接触的开端，双方抱持什么样的原则、政策、态度，以及落实到实际执行层面的各种课题。更涉及明朝的思维方式，以及它面对欧洲的处理方式，也非常典型地代表中国人在处理外来冲击时，所采取的原则与对策。它显现在军事、经济、贸易、外交、财政、官僚等各个层面。

我们把澎湖的事件，当成一面镜子，映照出明朝后期的中国状况，也映现出葡萄牙、西班牙、荷兰、英国等欧洲国家某些共性与心态，以及不同的利益考虑。

在本书中，我有意识地把这一段短短二十年的历史，用电影式的"慢动作语言"，一格一格地拆解。某一些公文，例如黄承玄对台湾战略位置的看法，就涉及明朝官员对国家边界与安全防卫的思考；某一篇报告，例如雷尔生对澎湖冬天的抱怨和倦怠，就呈现出欧洲帝国在亚洲无法适应的心态；某一些个人的性格，例如商周祚的软弱，就决定了他的决策；某一个官员的政治人脉，例如福建人对荷兰人的不满上报给皇帝，呈现了朝廷的复杂与内斗；从更广阔的视野来看，葡萄牙与荷兰的战争，葡、西、荷、英在欧洲的矛盾与战争，也一路延伸，影响月港、澳门、马尼拉、马六甲、日本等等，这些复杂的关系，都影响着澎湖与台湾最后的命运。试着加以细致地描述，看到历史细节中的纠葛、偶然性与必然性，确实有非常重要的意义，让人充满兴味。

我总是试着去进入那种现场感，让台湾命运的轨迹，一步步映现出来。

举例来说，韦麻郎开了三条大帆船来到澎湖，当时的福建官员对荷兰大帆船的船坚炮利，都感到震惊，不知如何应付。只有沈有容，毕竟打过海战，负责去交涉，他怎么看待荷兰的大船与大炮，也是非常有趣的。所谓"船高大如城，铳大合围，弹子重二十余斤，一施放，山海皆震"是一种非常典型的描述。

1622 年的时候，荷兰更为强悍了。明朝的福建官员商周祚起初颇为软弱，畏事惧战，只想欺上瞒下，息事宁人。但换到南居益就不同了，他对澎湖的征战，虽然没有直接对战，但采取外围包围，逐步驱赶瓦解，乃至于切断淡水补给，让荷兰充满弹尽援绝的无力感，终于退出澎湖。这证明战略上是成功的。

其间，还有一场小型战役发生在 1623 年 10 月，那是以和谈为诱饵的设局，让荷兰陷入计谋，再发动攻击。以火船烧了荷兰艇，并俘虏了五十二人。

这整个接触、交战的过程，让我们见证到荷兰东印度公司的凶残与手段，与最先接触中国的葡萄牙，和以马尼拉为贸易中心的西班牙，的确有很大的不同。荷兰甚至把欧洲的民族国家的独立战争，带到远东来打，并且要强迫中国接受他们的立场，采取与西、葡开战的战略。但他们也有相同的目的，那就是与中国通商贸易。这些过程，在在见证了欧洲与中国，两种文明接触之时，所发生的碰撞、冲突、矛盾、妥协与战争。

以澎湖故事为基本素材，用慢动作拆解的方式，逐一凝视这一段精彩的历史细节，有非常重要的意义。它让我们看到以往历史叙述中被忽略的许多关键时刻与事件，大至从唐朝开始，宋元继续，而明朝从民间开展的海上贸易；全球化开端的欧洲大势；民族国家的兴起；东亚国家，如包括中、日、韩及东亚诸国的情势变化与因应；乃至于明朝的内部，如宦官与东林党的问题、朝鲜战争的影响等等；更包含了官员本身人性的懦弱与贪婪、正直与勇敢、苦难与虚无……所有这一切，交织成澎湖的这一段历史，并造就了荷兰人到台湾的结局。

2　被历史抹黑的中国海商

在深入研究这一段历史之后，最重要的发现，毋宁是看见一个巨大的身影，而这个身影过去一直是被抹黑、被蓄意忽略的。那就是中国海商。

由于明朝实行海禁，过去的历史，总是将中国私人海商描述为"走私贩子""违法犯禁、唯利是图"，最严重的是从违法海商，变成海盗，"勾结倭寇，侵犯沿海，打家劫舍"。

然而，我发现中国东南沿海的海商，特别是漳州、泉州、广东、江浙、安徽的海商，对东亚大局势的影响，以及第一波全球化的形成，实在是太重要了，可是他们并未被历史公平地对待。

其实，十六世纪葡萄牙人之来到中国，是受到东亚华人海商的引导，始看见中国贸易的利益。他们到达广州后，转泉州也是受到了海商的引导，才在双屿建立基地，而后在汪直引导下，到达日本，开展长崎—中国—马六甲—欧洲的贸易航线。西班牙也是靠了漳泉海商的船舶，和月港建立贸易，然后才能够建立起从月港到马尼拉、墨西哥再到欧洲的黄金航线。

荷兰来到中国是想抢葡萄牙的生意，但攻打澳门失败。1604 年也是靠了闽南海商潘秀、李锦等人的推荐，才想到要在澎湖建立商贸基地，以此和澳门相抗衡。当时，如果没有这些闽南海商，也就没有了 1622 年荷兰人第二度进驻澎湖的企图。当然就不会有台湾后来的命运了。

从唐宋元的合法海商，到明朝的非法私人海商，中国海商在东亚的作用，其实远超出历史的估计。透过海商的贸易网，他们振兴了中国江南的沿海经济，包括了丝绸、瓷器、绸缎、手工艺等，都跟着大量外销。所以，有人说明朝晚期其实是中国资本主义的萌芽阶段。它所依靠的就是这些海商，以及他们在马六甲、马尼拉、巴达维亚，乃至于日本等，所建立起来的贸易网络。这个贸易网络透过欧洲国家的大帆船，已经连结上中南美洲的白银，直到欧洲国家的市场。中国江南的丝绸、瓷器，得到欧洲贵族的赞叹喜爱，视之为世界名牌，却是从中国农村的小农手中，一针一线，织出来的。

十六、十七世纪，从中国农村到欧洲市场，今天人们称之为"世界经济体系"的萌芽阶段。而明朝晚期则被学者称为"资本主义萌芽"。

这一段历史，中国海商起了决定性的作用。他们为初期的世界经济体系打造了基础，却未曾得到应有的重视与评价。

从这个角度看，在东亚的中国海商，也随后影响了中国历史。在日本经商的李旦、颜思齐，与曾经在澳门受洗成为天主教徒、后来到日本经商的郑芝龙，都是这些海商的一部分。

看看他们的贸易活动范围和经营方式，我们会很惊讶他们的"国际化"。他们可以拿德川家康的御朱印状，以长崎、平户为贸易基地，从泉州预定丝绸、瓷器到台湾的魍港（即嘉义）交易，再从台湾买一些鹿皮、鹿肉，运回日本出售。李旦把平户的住宅出租给英国人当商馆，他的孩子过生日，请英国人、荷兰人一起来开餐会。李旦还有一个孩子在马六甲，打点当地的生意。他们也到澳门和葡萄牙人做生意，到马尼拉和西班牙人做买卖。

李旦、颜思齐、郑芝龙这些人的经济活动能够展开，当然不是他们单独开创出来的，而是在他们之前，就有唐宋元以降的无数海商，在东亚各地打下了基础。如果不是这些海商，欧洲人仅仅靠着香料贸易，根本不足以支撑起如此庞大的远洋贸易的开销。

再从台湾的角度来说，如果不是颜思齐、郑芝龙来到台湾开拓，就不会有后来郑芝龙和荷兰人一起到海上打劫马尼拉商船，再发展为一个海上武装集团。在那毫无海洋法则的时代，无可置疑的，这些武装海商集团本是为了防止被抢而武装，最终也难免发展为海盗。至于郑芝龙后来脱离荷兰，自己发展为一个横跨日本到马尼拉、马六甲、印度尼西亚的武装商贸集团，几乎等同于中国人的东印度公司，那当然不是靠荷兰，因为荷兰还不断结合海盗想打击他，抢他的生意。他能够依靠的，其实是本来就散布在东亚的中国海商网络。是这个网络，让郑芝龙得以迅速崛起，建立起他的商业王国。

然而，值得注意的是，无论葡萄牙、西班牙、荷兰、英国，他们都有国家的权力，作为商贸与武装的后盾。在那个海盗与海商难分，各国互相打劫的大时代，中国海商完全是民间的，是纯粹的私人贸易，不仅缺乏国家武力的保护，甚至他们还被国家定义为非法海上私商，受到追剿。谁也没想到，正是这些纯民间的、无名的中国海商，在内外夹击之下，打开新局，建立起东亚的商业网络，从而造就"世界经济体系"的建立。

他们才是在东亚推动世界经济体系的动力。

这就是为什么到今天，许多东南亚国家里，华人往往是当地最重要的经济支柱。那不仅是因为文化，更因为那是几百年的历史积累。

无论如何，我愿意借着此书，向几百年来，在万顷波涛中搏命，在风寒恶浪中漂泊，在海洋争霸、劫掠炮战中牺牲，在荒凉海隅开垦，在异乡城市落地生根，把东亚海域当自己的田园，把无边的海洋当自己的家乡，那勇敢无畏的漂泊者，那好几代的开拓者，那追寻自由的魂魄，致以最高的敬意。

是该还给这一段历史，这几世代的中国人以公道的时候了。

3 复杂交缠的国际关系

这一段历史还有一个最有趣的现象：复杂交缠的国际关系。

以往的台湾史研究总是由荷兰人着眼，写荷兰东印度公司如何在东亚发展，碰到明朝武力对决，最后转入台湾，而较少着眼于荷兰独立战争中，与西班牙、葡萄牙的矛盾关系。

由于荷兰同时劫掠漳州月港通往马尼拉的中国人帆船，因此招惹起福建海商的愤怒。而福建海商是连接着澳门的。我们要知道，当时澳门有许多福建海商，所以澳门取名即是由闽南语的"妈宫"，即妈祖庙而来。福建人网络遍及东亚，荷兰人的抢劫行径当然招惹公愤。再加上葡萄牙人趁机向广州官方灌输荷兰人是"海盗""从来不上岸睡觉，只会海上打劫"的印象，让荷兰人第一次到澎湖的时候，就碰了个大钉子。

而当时环绕在澎湖周边的问题是：有日本丰臣秀吉的攻

打朝鲜，可能进攻澎湖；有荷兰在俘虏葡萄牙商船，货物在欧洲大甩卖；荷兰和西班牙打，也和英国争抢海上地盘，大打出手，还有为了抢马六甲地盘而与葡萄牙开战六个多月，规模大到双方各动用了七八千人，花费确实巨大。

其间，还有日本的德川家康取代丰臣秀吉成为领导者，政策转变，外交缓和；更有马六甲国王求助于明朝皇帝；还有马尼拉大屠杀华商；明朝本身还有宦官税珰到地方上横行索贿等等。这一切交会成一个非常精彩的大历史。

把这一段历史弄清楚，我们才会明白，澎湖与台湾的命运，是摆在一个多么复杂而庞大的国际漩涡中。讲得更直接一点，这是国际的大棋局，不是澎湖或台湾的单一事件。

从二十一世纪的视野看，澎湖与台湾的命运，四百多年来，也一直是如此。

可惜的是，台湾史对荷兰人如何从澎湖转到台湾的过程，一直缺少研究，大多一笔带过，直接跳到 1624 年荷兰人到台湾。对 1604 年沈有容劝退韦麻郎等，也只是以沈有容和韦麻郎谈判，韦麻郎就退出澎湖，简单带过。然而，我细读历史，才发现内情并不单纯。整个僵持的时间，长达一个多月。而 1622 至 1624 年的冲突、谈判、交战、包围等，也历时很长。从 1604 到 1624 年，可以说荷兰人花了二十年才到达台湾。

换言之，荷兰不是那么容易被"谕退"的。

但荷兰人决策思考又是如何呢？那背后，其实是非常复杂的国际战略。

研究这一段历史，让我们的目光，从澎湖湾的海港出发，扩及东亚，放眼世界。

"澎湖湾的红毛船"，所意指的不只是澎湖与荷兰，而是造成这一瞬的所有历史机缘。

4 欧洲人的"黑暗之心"

　　研究这一段历史，我常常想起康拉德的小说《黑暗之心》。那种逐步被幽暗丛林、艰难的生存困境，以及内心的孤独、恐惧与死亡所吞噬的历程。

　　在雷尔生写给巴达维亚的报告和利邦上尉的日记里，我开始读到那种无法形容的"黑暗之心"。

　　我曾三度去澎湖踏查，分别是在春天、夏天和冬天。除了去细看妈祖庙附近的地形，感受与海港的距离，当年沈有容可能驻军的地方。此外，也特别去看了荷兰城堡的遗址。唯有慢慢在澎湖踏查，才会发现历史的真实面貌。

　　举例来说，澎湖位居福建外海，是大陆与台湾连结的中间站。在风帆船时代，海上补给淡水是非常重要的，所以澎湖即成为福建的渔民、船商、海盗等必然经过的所在。而海盗一定不会在这样的地方抢劫，一来住的都是渔民、移民的小农，抢劫无利可图，再来是未来的补给还要靠他们，所以不能破坏了补给站。

　　因此，最早有淡水的地方，应该就是最早开发的地方。

　　果然，一口大水井就在妈祖庙旁边。而这里也是沈有容立下谕退碑的地方。可以想见，元朝开始的汪大渊等海商都在这里经过、补给。而汪大渊可以航行九十几个地方，若当地有华人海商，怎么可能办到？

　　可是从外面来的荷兰人，语言依靠翻译，食物依靠巴达维亚海运，以及福建小海商运来卖，如果因战争被封锁，就难以生存，只能去中国沿海的村庄抢劫，抢了十几头羊猪，却杀了几十个人，烧了整个村庄。他们在福建俘虏中国人，当奴隶卖，一千多人的俘虏要送去巴达维亚，最后竟然只存活了三十三人。杀人如麻，已不足以形容。这样的杀人抢劫，最后自己也沦入死亡与恐惧的"黑暗之心"。

　　澎湖的秋冬的海风，想必也让荷兰人吃足了苦头。我在澎湖踏查时，骑着摩托车去荷兰城堡所在的风柜尾，沿路上过桥时，机车几乎被海风吹倒，只能歪歪斜斜，勉强前行。可以想见，这样的冬天，来自巴达维亚那种热带气候的荷兰人，一定非常痛苦。雷尔生在澎湖的后期，充满倦怠感，战争、痢疾与许多染病死亡的士兵，让他只想离职逃走。而他的手下谢灵上尉的妻子死了孩子，只因没有母乳；她和许多士兵有染，男女关系显然很混乱，等到谢灵上尉一死，不到半个月，她就嫁了另一个士兵。这些事情都是让荷兰人的士气非常低落。雷尔生一直提出到任了要离职的报告，而澎湖的公司职员也纷纷要离开。因此，心力交瘁的雷尔生最后死于航返荷兰的归途，不是无因的。

　　他的故事，仿佛再一次印证了康拉德的寓言。

5　珍珠项链般的东亚岛屿

让我最感到惊讶的是：明朝有如此强大而有经验的海商，既能当海盗作战，也能当海商与欧洲跨国公司商战，更有遍布东亚的商业人脉，怎么明朝就不能好好运用这些民间力量，营造出一个既可以为国家创造税收，又可以让民间获利，更可以让中国经济繁荣起来的大格局呢？怎么如此伟大的历史机遇，不只如此平白溜走，还变成中国财政的负担、一个难以承受之重？为什么明朝会这样？

我试着提出一点初步的看法。

因为明政权的开国皇帝朱元璋是农民革命起家，明朝政权的立国基础，留下的祖训，充满农民性格。而明朝皇帝与官僚阶级也常常把祖训拿出来，当作教训皇帝、执政方向的指引。

从这个澎湖两度事件也可以看出，明政权最主要的结构性问题乃是：用农民政权的思维，去应对海洋时代的挑战。

农民思维安土重迁，儒家思想则讲究仁道（如孔子所言："夫仁者，已欲立而立人，已欲达而达人。"），并不像欧洲国家仍保留草原民族的征战性格，因此明朝并未发展出征伐其他国家，殖民东亚国家，或建立殖民地的企图。

明朝历代皇帝都尽力维护朱洪武所留下的海禁祖训，即使澳门与月港开了窗口，为明政权带来世界贸易的新活水，但朱元璋祖训的农民思想却难以打破，而视海洋为禁地。

就汤恩比历史观所提出的"挑战与响应"来看，在大航海时代来临，世界格局即将巨变的开端，海洋文明是中国古老文明的挑战。但中国东南沿海的海商并未落后，反而和世界同步，即使违反禁令，仍出海寻找商业机遇。这不仅是私人海商在找出口，也是为国家的经济发展找出口。坦然而言，民间是有足够响应能力的。

然而，在农民思想的影响下，明朝朝廷不像欧洲国家，扶持民间航海家出海寻找商机；或如日本，志在扩展国家领土，追寻海外利益。明朝不仅无意于扩展对外贸易，也无开展国家领土的雄心，所有的思维，只是保有祖先留下的领土，管理领土疆域内的安全秩序。至于外来的商机，只要不在疆域范围内，都可以容忍，最好推到周边其他地方，那就不归官僚的责任范围了。

当然明朝不是没有具远见卓识的官员，如胡宗宪、周起元、张燮等，他们成长于南方安徽、江浙、福建、广东等，知道地方上海商的实际情况，更且有许多海商是航行过许多国家的大商人，了解世界局势，因此不断提出对策，想方设法解决问题。

地方官员也确实了解他们对地方经济的贡献，所以周起元才会盛赞月港开港后，税收增加，地方经济繁荣，可以称为"天子之南库"。明朝的武将也不排斥欧洲的新式武器，即使是南方的官员，都很喜欢学习葡萄牙的火枪和大炮，甚至要澳门的葡萄牙人派人出来教明朝制造大炮。换言之，明朝的官员面对欧洲国家一点也不自卑，反而很好奇地跟利马窦学习西方的天文地理几何学。

可是，他只停留在"师夷之长技"这个层次。大明王朝的本质仍未能摆脱农民心态，也就是不会把海洋当成可经营的新天地，而是把海洋当成商业与文明的阻隔，从海洋来的势力，都可以变成入侵。因此，即使澳门租了几十年，依然有官员打报告要把葡萄牙人赶出去。

而葡萄牙人则一再示好，甚至派人去帮明朝建工厂做大炮都愿意。

当然，明朝皇帝贤能与否、皇帝懒朝、任用宦官、党争严重等，造成国政颓唐，朝纲混乱，是非价值败坏，从中央政权开始腐烂，都是明帝国没落的原因。这些错综复杂的问题，有些是制度面的，有些是人事面的，有些是权力斗争的必然，然而这些问题同时并现，互相纠缠成无解的难题。

举例说，宦官高案在福建的贪污受贿、恶整官绅，固然造成破坏，但还有正直的地方官员阻止，然一旦中央为恶，如魏忠贤之迫害南居益、袁崇焕，那就是无可挽回的灾难了。因此，即使中国南方有不少深谙国际大势，愿意济弱扶倾的正直知识分子如周起元，但中央政权如国之大柱，它若是倾倒，正直的官员也会受难，地方的努力都变成枝微末节的修补。

总体来说，明朝没落，其中一个关键，仍是缺乏一个面向海洋时代的世界观。明朝虽然有南方的江浙闽等海商势力所形成的官员，试图提出开拓性的海洋政策，也有无数民间的海商作为后盾，足以建立起新的海洋世纪，但在北方官员的制约下，终究未能超越传统农民思维的局限。像黄承玄那样，看到澎湖与台湾在海洋时代的战略位置，并且提出要建立屯田防卫机制，可说绝无仅有。他的建言，就只能是空谷足音。

一个开启世界新局的历史机遇，而且有着这么多的民间经济力量作为支撑，就这样失之交臂。这个故事告诉我们，善用民间的力量，结合民间的智慧，是多么的重要。

可惜了，明朝帝国。我们只能长叹。因为它也影响了往后几百年中国人的命运。

然而，陆地归陆地，岛屿归岛屿，时间不会等待。东亚的这些岛屿，随着各国海上交易的兴盛，各自发展起来。

澎湖在荷兰退出之后，一样有许多海商来这里交易，海盗来这里避难。但随着荷兰交易地点的转移，福建沿海的交易中心也向台湾转移。1626 年，西班牙到台湾北部，建立两个堡垒，淡水、基隆逐渐成为国际贸易港，大员周边则在荷兰的经营下，逐步成为新开拓的蔗糖产地，荷兰甚至引进许多热带水果，如芒果、番石榴、波罗蜜等，改变了台湾的生态。台湾在东亚的国际位置逐渐重要起来。

长崎、平户的荷兰海商继葡萄牙、西班牙之后，成为日本的重要贸易伙伴。澳门继续扮演葡萄牙的东亚窗口。它甚至是全世界被殖民时间最长的殖民地，一直延续到 1999 年，中国恢复对澳门行使主权。而马六甲、巴达维亚、马尼拉、越南等等，早已有了自己的商业网络。这些命运交会的岛屿，各自繁荣起来，闪烁着耀眼的光芒，透过繁忙的海上交易，链接成一串闪闪发亮的珍珠，挂在东亚世界的胸前。

台湾和澎湖，正是这一串珍珠之中两颗闪亮的明珠。

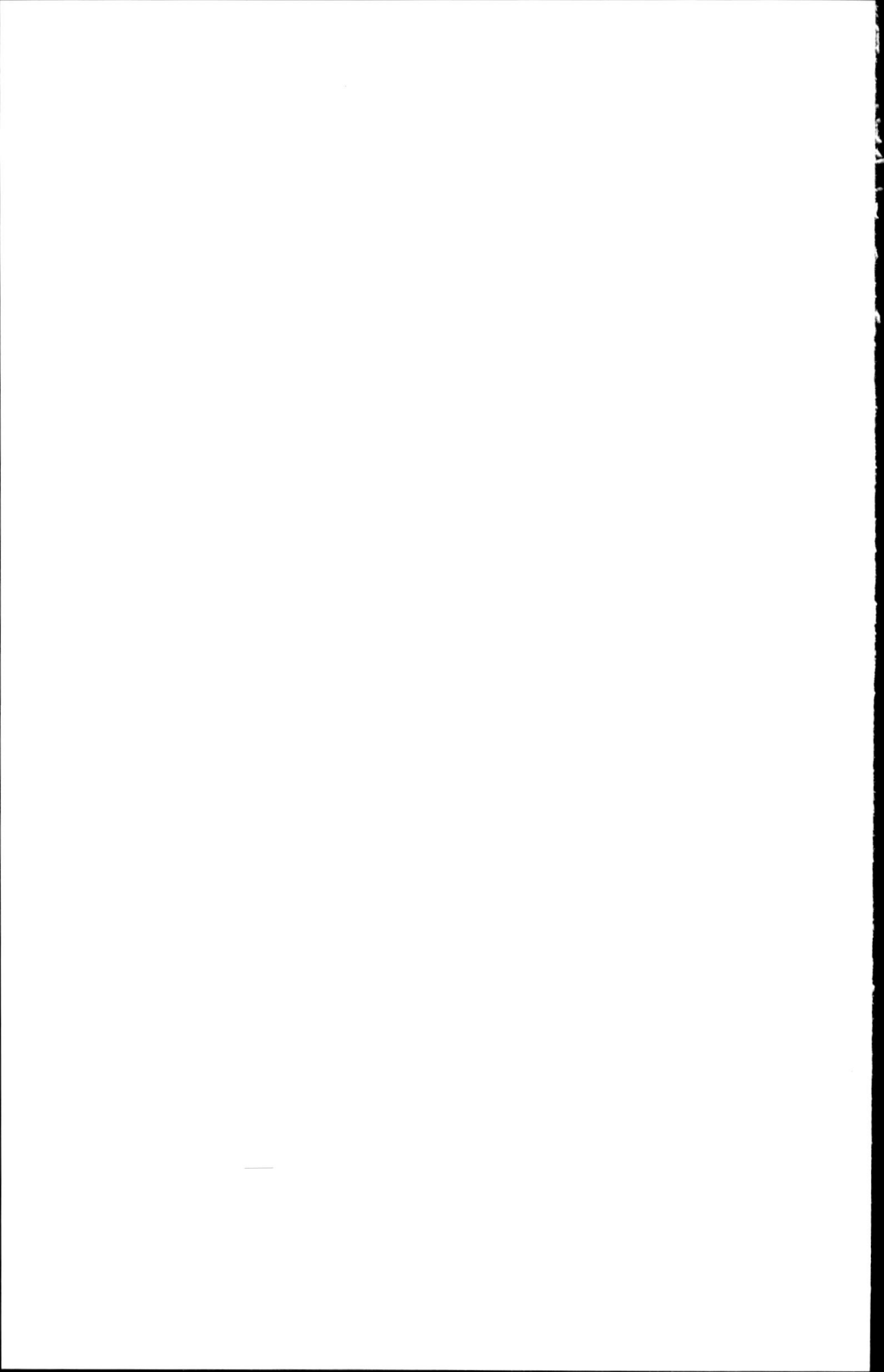